주님의 사랑을 담아

_____ 께 드립니다

할렐루야~!

20년 전, 캘리그라피란 용어가 통용되기 전부터 광고디자인에 접목하여 사용했던 글씨 쓰는 재주가 살아있고 활력이 있는 하나님의 말씀을 쓰는데 사용되고 있음이 참으로 감사하기만 합니다.

지금까지 살아 왔던 모든 과정을 짚어 보면 하나님께서는 제가 세상적인 글보다 오로지 하나님의 말씀만을 쓸 수 밖에 없는 상황들로 이끄신 것 같습니다.

오직 말씀만을 쓰고 전하는 청현재이 캘리그라피 문화선교회를 세우게 하시고, 선교회 활동을 통해 하나님께서 마음을 담아 주신 말씀을 그리스도인들에게 감성적인 글씨 캘리그라피로 전달할 수 있게 하신 것은 하나님의 놀라우신 계획이 아니면 결코 이루어질 수 없는 것이라 생각합니다.

2012년부터 시작된 말씀캘리그라피 전시와 나눔은 매 달 전국 교회에서 진행되었습니다. 그런 은혜의 시간이 기독교 성도들의 마음 밭을 말씀으로 채워 간다는 기쁨에 이 말씀 캘리그라피사역을 평생의 소명이라 생각하게 되었으며, 지금까지 계속 쉬지 않고 진행해 왔습니다. 그런 덕에 많은 기독교성도들이 말씀을 좀 더 가까이 그리고 친근하게 접할 수 있는 환경이 조성되었습니다.

그러나 아쉽게도 말씀캘리그라피 나눔의 혜택을 보지 못하는 성도들을 위해 편리한 캘린더 형식으로 2014년에 청현재이 캘리그라피말씀묵상365를 출간하게 되었고, 2018년에는 두 번째 청현재이 캘리그라피말씀묵상365를 출간하게 되었습니다.

이번에 출간된 "청현재이 캘리그라피 말씀묵상 365 II"는 약 7년 동안 말씀캘리그라피 나눔을 꾸준하게 진행해 왔던 덕에 많은 교회성도들의 말씀종이들이 선교회에 쌓이게 되었고, 셀 수 없을 정도로 많은 말씀종이를 모아서 다시 교회성도들이 선호하는 366(윤달 포함)개의 말씀으로 추리게 되었습니다.

그렇게 추려진 말씀을 깊게 묵상하며, 말씀마다 전달되어지는 감정으로 글씨를 써서 "청현재이 캘리그라피 말씀묵상 365 II"를 출간하게 되었습니다.

하나님의 말씀은 살아있고 활력이 있으며, … 내 생각과 뜻을 판단하게 합니다. 그 말씀이 감성적인 글씨 캘리그라피로 쓰여져 놀라운 하나님의 은혜로 그리스도인들의 마음 밭에 전달되기를 바라는 마음으로 제작된 "청현재이 캘리그라피 말씀묵상 365 II"를 통해 하나님께서 우리에게 주신 말씀의 뜻을 쫓아 하나님의 말씀으로 생활하기를 진심으로 기대해 봅니다.

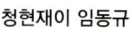

청현재이 임동규

만물의 마지막이 가까이 왔으니 그러므로 너희는 정신을 차리고 근신하여 기도하라

베드로전서 4:7

새사람을 입으라

오직 너희의
심령이 새롭게 되어
하나님을 따라
의와 진리의 거룩함으로
지으심을 받은
새사람을 입으라

에베소서 4:23-24

온 땅은 여호와를 두려워하며 세상의 모든 거민들은 그를 경외할지어다

시편 33:8

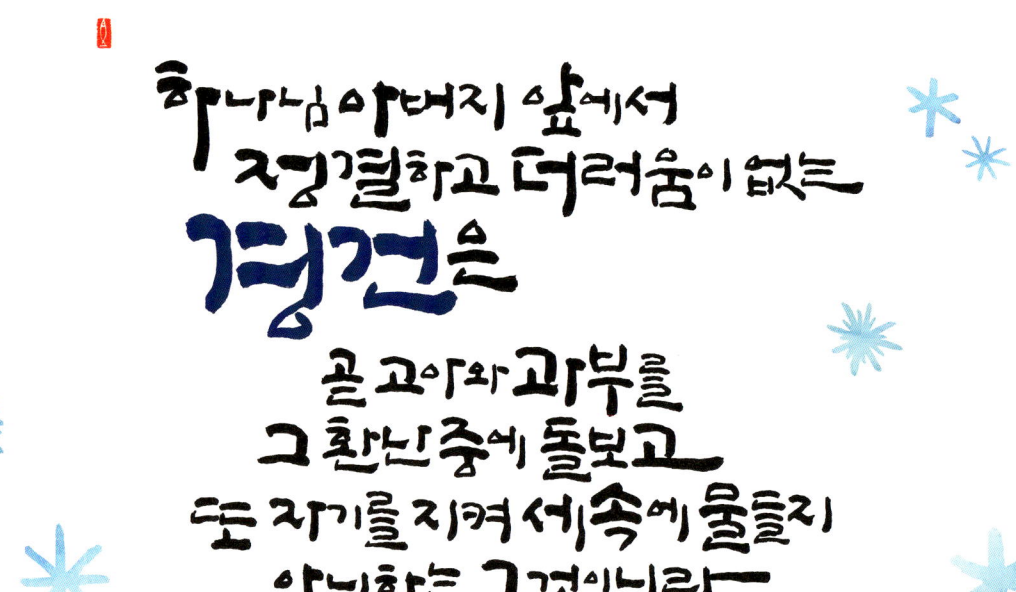

하나님 아버지 앞에서 정결하고 더러움이 없는 경건은 곧 고아와 과부를 그 환난 중에 돌보고 또 자기를 지켜 세속에 물들지 아니하는 그것이니라

야고보서 1:27

너희 안에
이 마음을 품으라
곧 그리스도 예수의
마음이니

빌립보서 2:5

사랑하는 자여
네 영혼이 잘됨같이
네가 범사에 잘되고
강건하기를
내가 간구하노라

요한3서 1:2
청원쟁이

네 하나님 여호와께서
돌보아 주시는 땅이라
연초부터 연말까지
네 하나님 여호와의 눈이
항상 그 위에 있느니라

신명기 11:12
청천재이

12/25

오늘 다윗의 동네에 너희를 위하여 구주가 나셨으니 곧 그리스도 주시니라

누가복음 2:11
청하근쟁이

지혜 있는 자에게 교훈을 더하라

그가 더욱
지혜로워질 것이요
의로운 사람을 가르치라
그의 학식이 더하리라

잠언 9:9
청현재이

지극히 높은 곳에서는
하나님께 영광이요
땅에서는 하나님이
기뻐하신 사람들 중에
평화로다 — 누가복음 2:14
청원재이

아들을 낳으리니 이름을 예수라 하라 이는 그가 자기 백성을 그들의 죄에서 구원할 자이심이라 마태복음 1:21

오라~ 우리가
여호와께로 돌아가자~

여호와께서 우리를 찢으셨으나
도로 낫게 하실 것이요
우리를 치셨으나 싸매에
주실 것임이라~ 호세아6:1

나와 같이 모든 일에 모든 사람을 기쁘게 하여 자신의 유익을 구하지 아니하고 많은 사람의 유익을 구하여 그들로 구원을 받게 하라

고린도전서 10:33 청현재이

그는 너희보다 먼저 그 길을 가시며 장막 칠 곳을 찾으시고 밤에는 불로 낮에는 구름으로 너희가 갈 길을 지시하신 자이시니라

신명기 1:33 청춘진쟁이

주의 말씀의 맛이 내게 어찌 그리 단지요 내 입에 꿀보다 더 다니이다 시편119:103
청현재이

만군의 여호와께서
경영하셨은즉
누가 능히 그것을 폐하며
그의 손을 펴셨은즉
누가 능히
그것을 돌이키랴

이사야 14:27

청현재이

어떤 길은
사람이
보기에 바르나
필경은
사망의 길이니라

잠언 14:12
청현재이

주께서 이르시되
네 발의 신을 벗으라
네가 서있는 곳은
거룩한 땅이니라

사도행전 7:33
청현재이

아들들아 이제
나에게 들으라
내 도를
지키는 자가
복이 있느니라

잠언 8:32
청현재이

지혜로운 자의
재물은
그의 면류관이요
미련한 자의
소유는
다만
미련한 것이니라
잠언 14:24

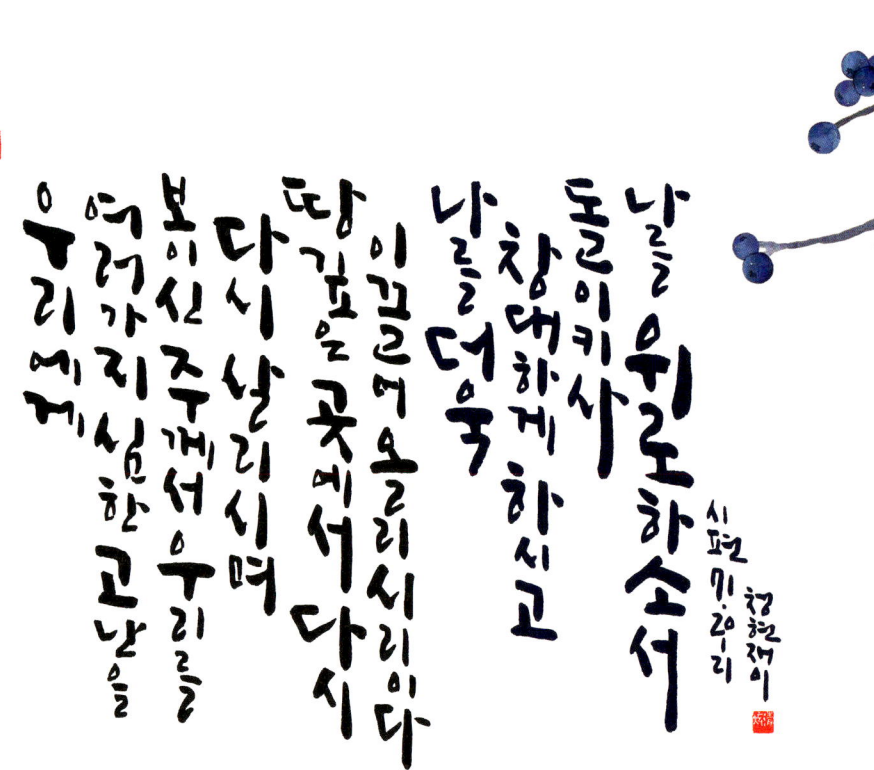

날로 위로하소서
돌이키사 창대하게 하시고
날로 더욱
이끌어 올리시리이다
땅 깊은 곳에서 다시
다시 살리시며
보이신 주께서 우리를
여러 가지 심한 고난을
우리에게

시편 71: 20~21

너희를 부르시는 이는 미쁘시니 그가 또한 이루시리라

데살로니가전서 5:24

사람의 지혜가 가르친 말로 아니하고 오직 성령께서 가르치신 것으로 하니 영적인 일은 영적인 것으로 분별하느니라

고린도전서 2:13

차별이 없느니라 하나님의 의니 미치는 모든 믿는 자에게 믿음으로 말미암아 예수 그리스도를 믿음으로 곧

청현재이
로마서 3:22

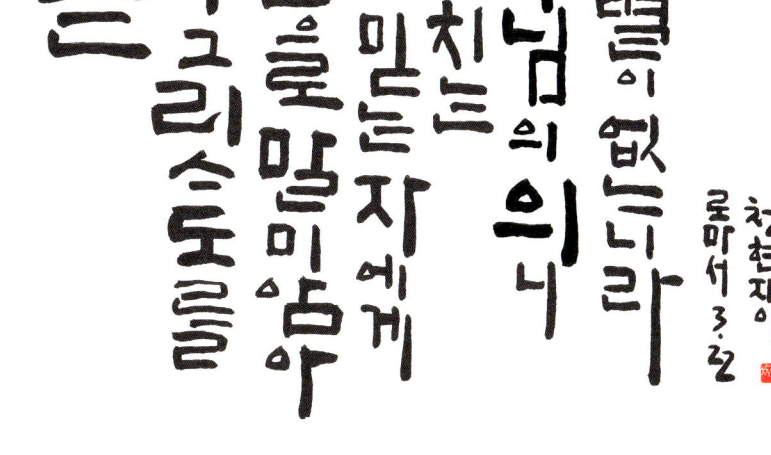

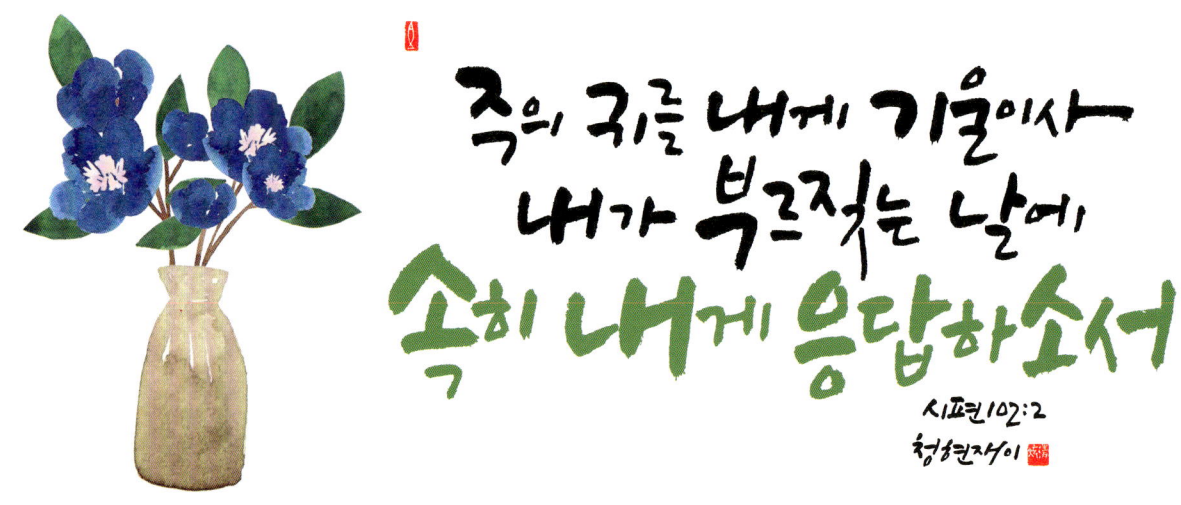

주의 귀를 내게 기울이사
내가 부르짖는 날에
속히 내게 응답하소서

시편 102:2

하나님이여
우리를 돌이키시고
주의 얼굴 빛을 비추사
우리가
구원을 얻게 하소서

시편 80:3

각 사람은 위에 있는 권세들에게 복종하라 권세는 하나님으로부터 나지 않음이 없나니 모든 권세는 다 하나님께서 정하신 바라

로마서 13:1 청현그림이

하나님이 이르시되 내가 반드시 너와 함께 있으리라

출애굽기 3:12

대저 의인은 일곱 번 넘어질지라도 다시 일어나려니와 악인은 재앙으로 말미암아 엎드러지느니라

잠언 24:16

청현재이

내가 율법이나 선지자를
폐하러 온 줄로 생각하지 말라
폐하러 온 것이 아니요
완전하게 하려 함이라

마태복음 5:17

좁은 문으로
들어가기를
힘쓰라
내가 너희에게
이르노니
들어가기를 구하여도
못하는 자가
많으리라

누가복음 13:24
청현재이

듣는 귀와
보는 눈은
다
여호와께서
지으신
것이니라

잠언 20:12
청현재이

우리가 사방으로 욱여쌈을 당하여도 싸이지 아니하며 답답한 일을 당하여도 낙심하지 아니하며 고린도후서 4:8

그러므로
너희는 마음에
할례를 행하고
다시는 목을
곧게 하지 말라

신명기 10:16

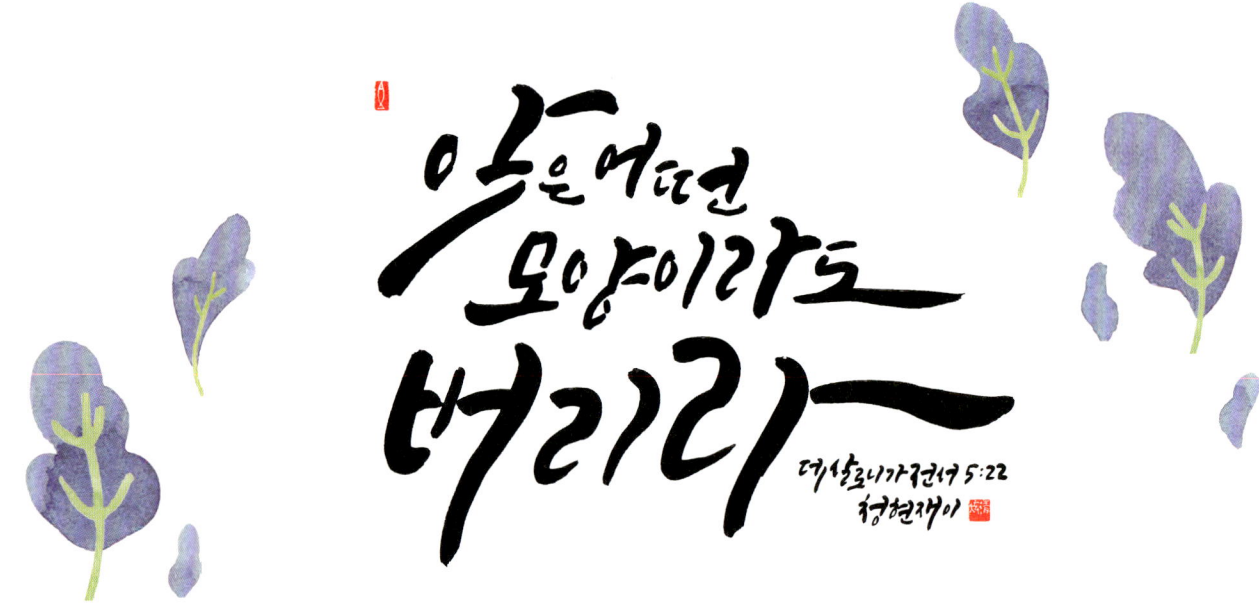

형제들아 너희가 자유를 위하여
부르심을 입었으나
그러나 그 자유로 육체의 기회를
삼지 말고 오직 사랑으로
서로 종노릇하라

갈라디아서 5:13

주의 눈은 의인을 향하시고
그의 귀는 의인의 간구에
기울이시되 주의 얼굴은
악행하는 자들을 대하시느니라

베드로전서 3:12

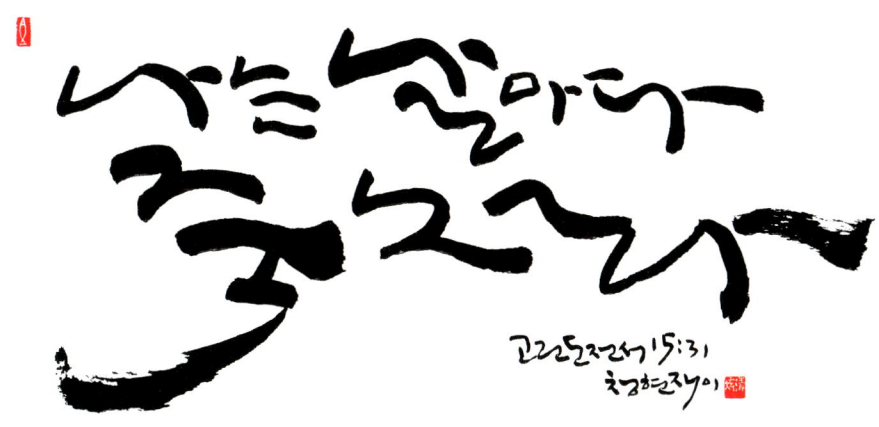

너는 마음을 다하여
여호와를 신뢰하고
네 명철을 의지하지 말라

너는
범사에 그를 인정하라
그리하면
네 길을
지도하시리라

잠언 3:5-6
청현재이

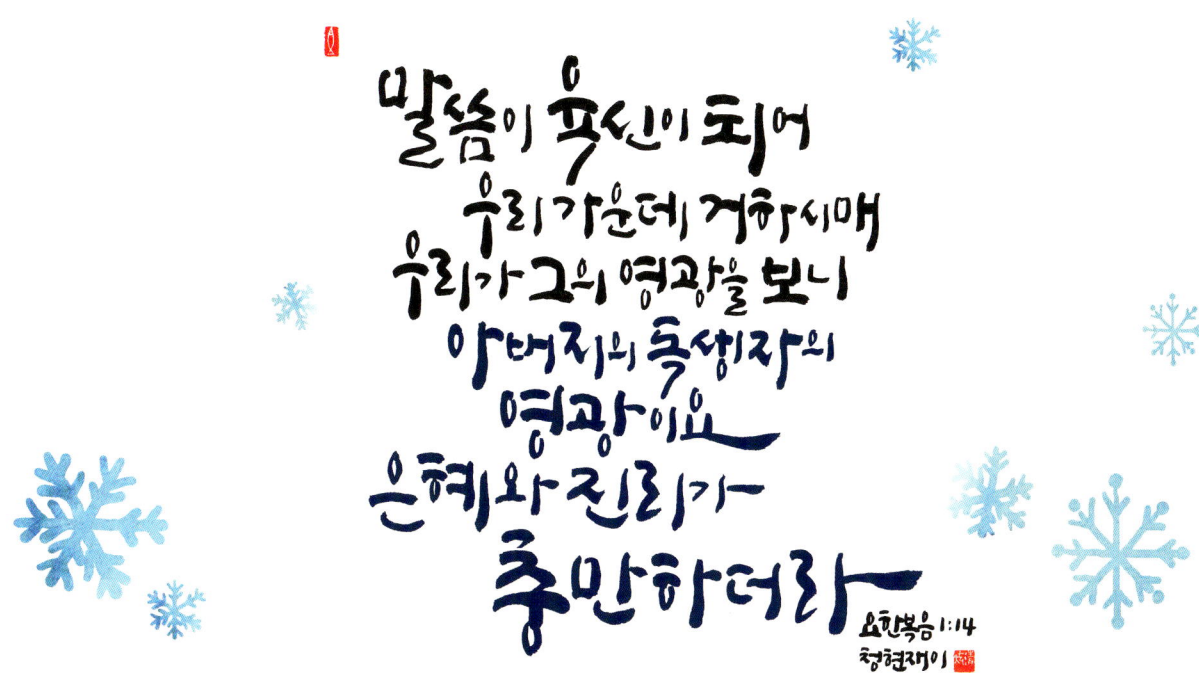

하나님께
가까이함이
내게
복이라

시편 73:28

만일
네가 미련하여
스스로 높은 체하였거나
혹 악한 일을 도모하였거든
네 손으로
입을 막으라

잠언 30:32

어리석고
무식한 변론을
버리라
이에서 다툼이 나는 줄
알며라 디모데후서 2:23
청홍권재이

돈을 사랑함이 일만 악의 뿌리가 되나니 이것을 탐내는 자들은 미혹을 받아 믿음에서 떠나 많은 근심으로써 자기를 찔렀도다

디모데전서 6:10
청현재이

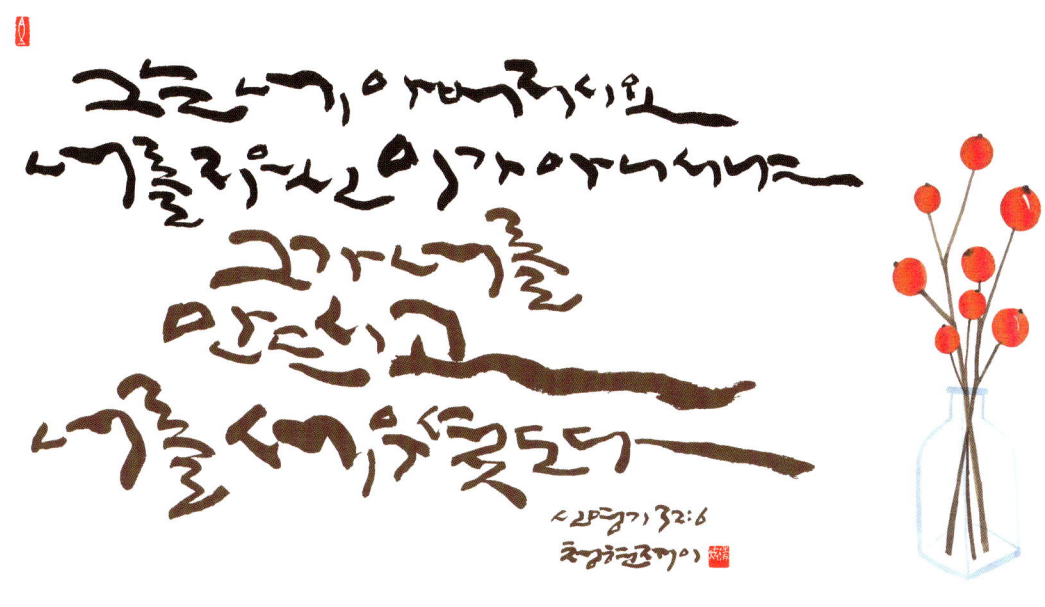

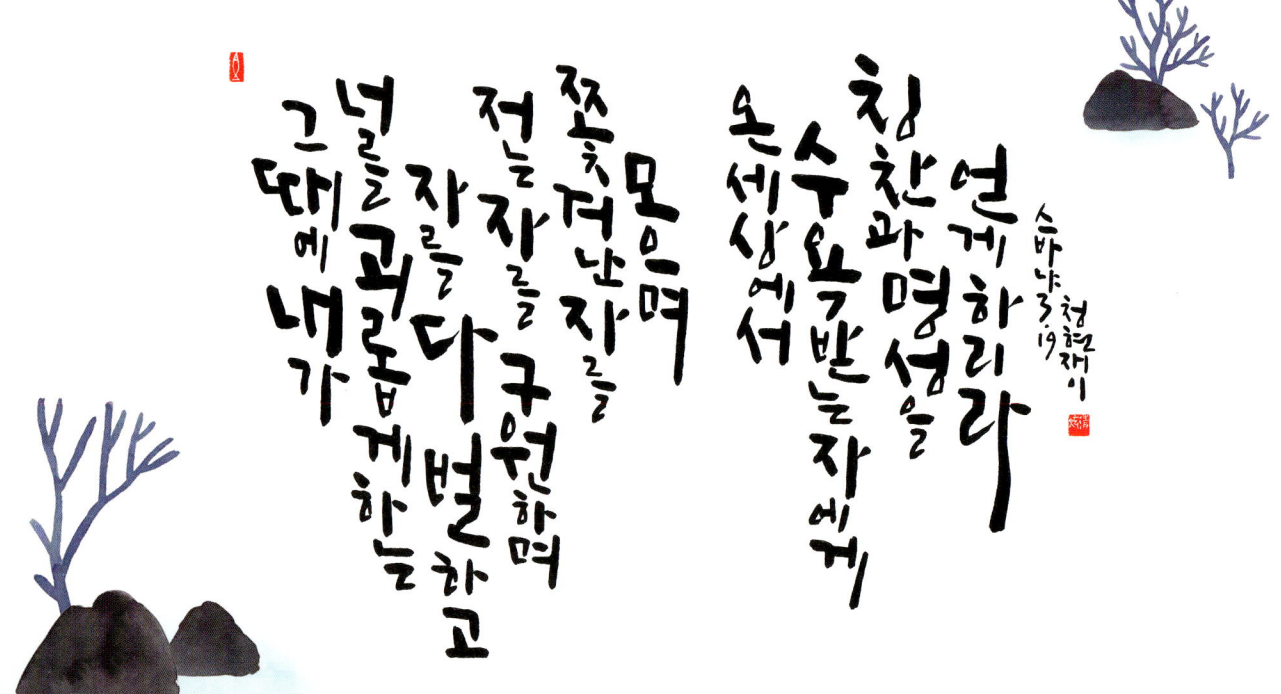

너희가 나를 택한 것이 아니요
내가 너희를 택하여 세웠나니
이는 너희로 가서 열매를 맺게 하고
또 너희 열매가 항상 있게 하여
내 이름으로 아버지께 무엇을
구하든지 다 받게 하려 함이라

요한복음 15:16

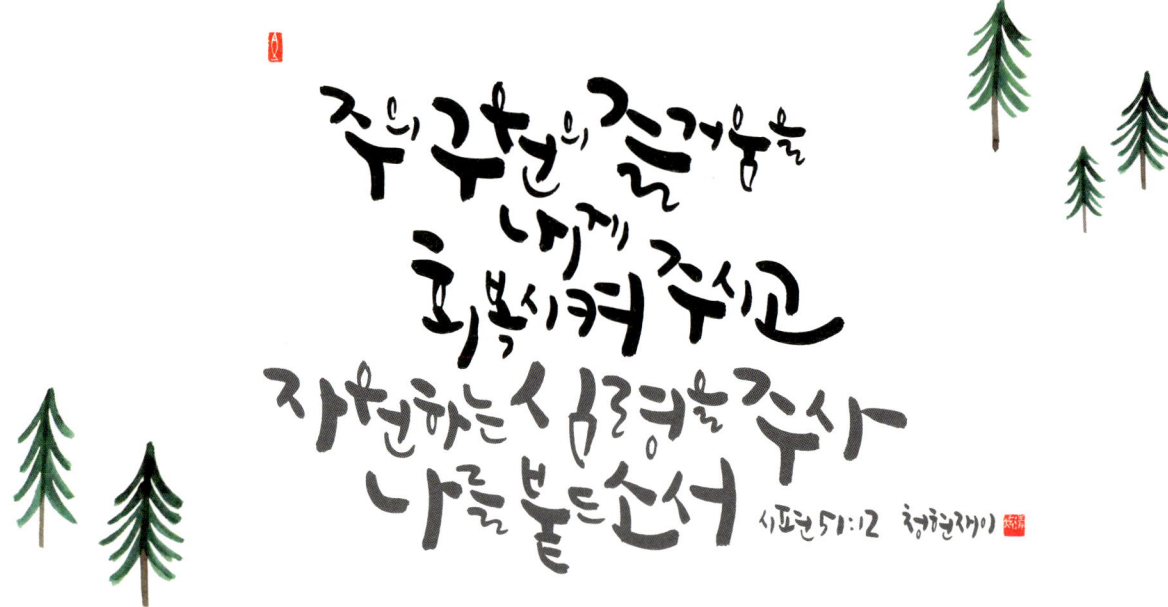

무릇 더러운 말은 너희 입 밖에도 내지 말고 오직 덕을 세우는 데 소용되는 대로 선한 말을 하여 듣는 자들에게 은혜를 끼치게 하라

에베소서 4:29

내가 네게 큰 복을 주고
네 씨가 크게 번성하여
하늘의 별과 같고
바닷가의 모래와 같게 하리니
네 씨가 그 대적의
성문을 차지하리라

창세기 22:17

나는 알파와 오메가요
처음과 마지막이라
내가 생명수 샘물을 목마른 자에게
값없이 주리니 이기는 자는
이것들을 상속으로 받으리라

요한계시록21:6-7
청현재이

내 아들아
나의 법을
잊어버리지 말고
네 마음으로
나의 명령을 지키라

잠언 3:1 청현재이

너희에게는 심지어 머리털까지도 다 세신바 되었나니 두려워하지 말라 너희는 많은 참새보다 더 귀하니라

누가복음 12:7

이제
내가 육체 가운데 사는 것은
나를 사랑하사
나를 위하여
자기 자신을 버리신
하나님의 아들을 믿는 믿음 안에서
사는 것이라

갈라디아서 2:20

주는 영이시니
주의 영이
계신 곳에는
자유가 있느니라

고린도후서 3:17

또 두 사람이 함께 누우면 따뜻하거니와
한 사람이면 어찌 따뜻하랴
한 사람이면 패하겠거니와
두 사람이면 맞설 수 있나니
세 겹 줄은
쉽게 끊어지지 아니하느니라

전도서 4:11-12 청현재이

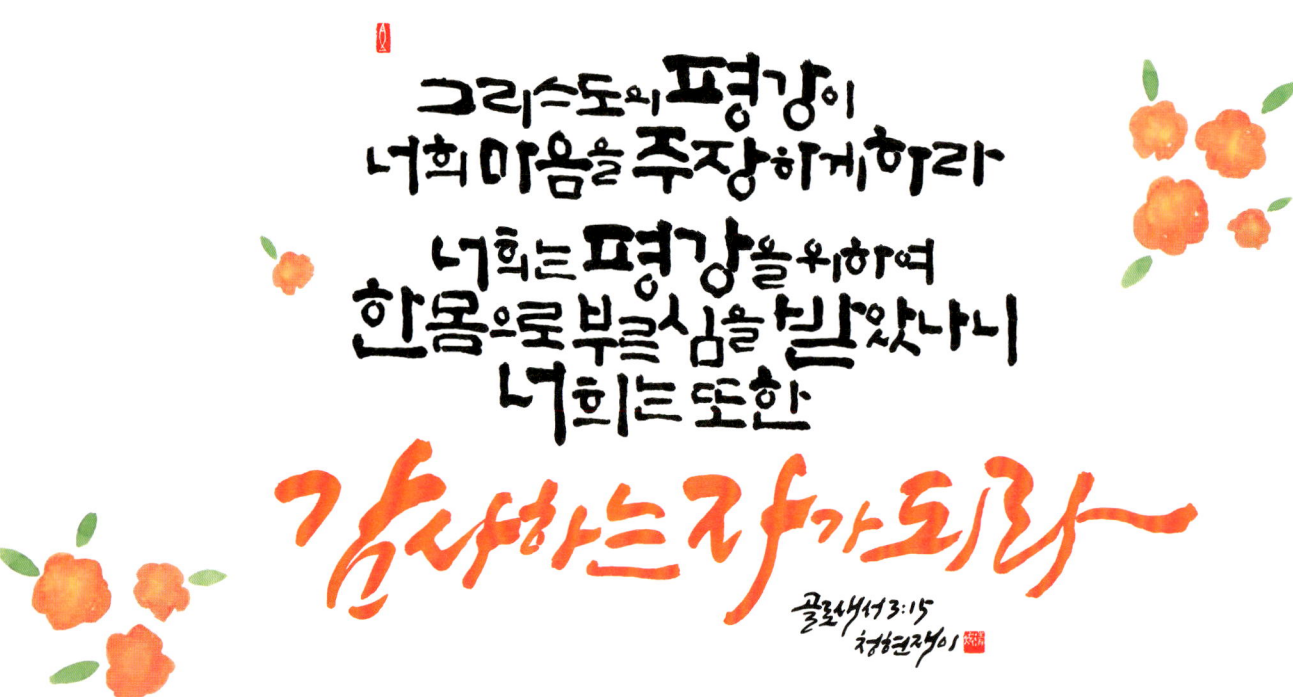

우리는 하나님의 동역자들이요
너희는 하나님의 밭이요
하나님의 집이니라

고린도전서 3:9

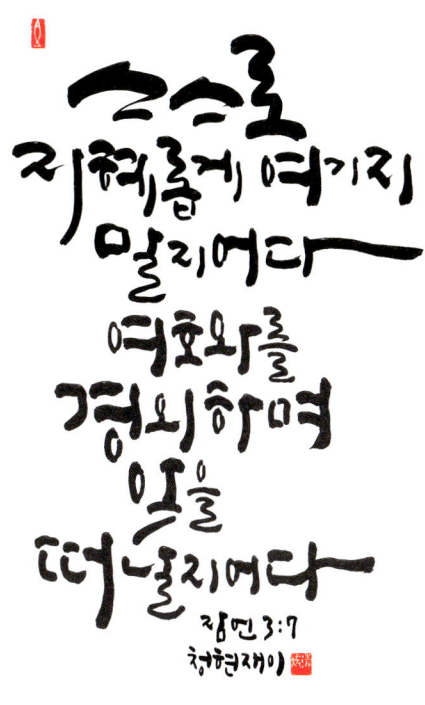

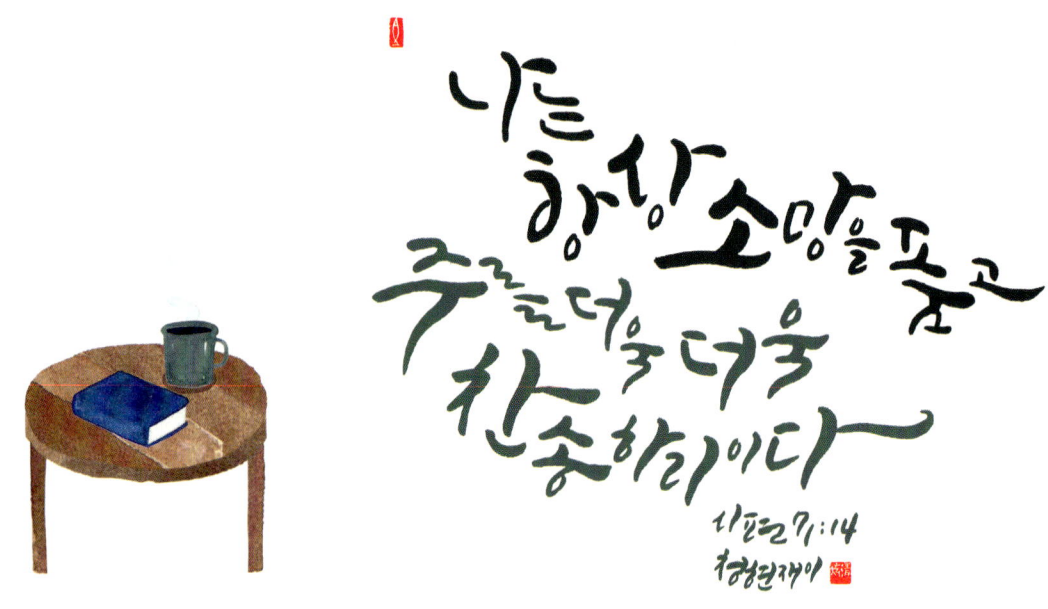

내가 너와 함께 있으매
어떤 사람도 너를 대적하여
해롭게 할 자가 없을 것이니

사도행전 18:10

오직 너희는 그리스도의 복음에 합당하게 생활하라

빌립보서 1:27

하나님의 뜻대로 하는 근심은
후회할 것이 없는 구원에
이르게 하는 회개를 이루는 것이요
세상 근심은
사망을 이루는 것이니라

고린도후서 7:10
청현재이

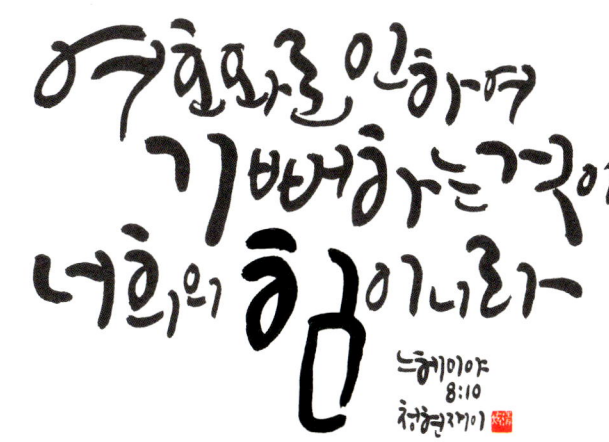

지혜로운 자와 동행하면
지혜를 얻고

미련한 자와 사귀면
해를 받느니라

잠언 13:20

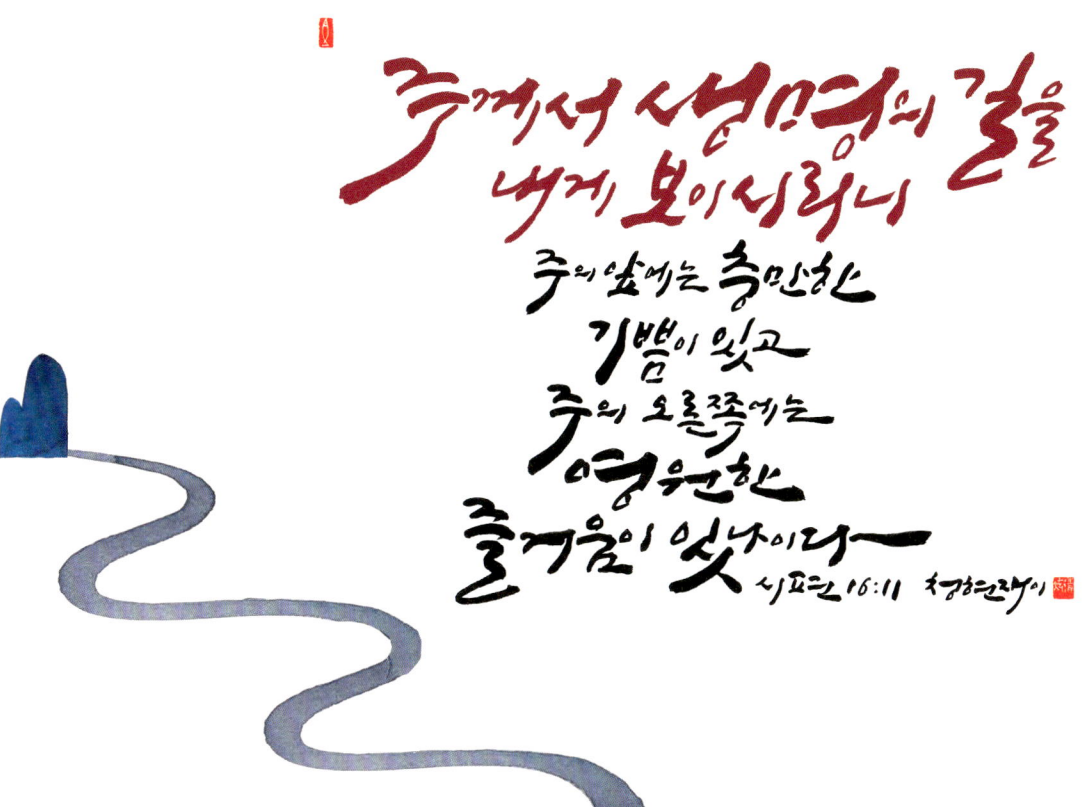

우리가 그 안에서
그를 믿음으로 말미암아
담대함과
확신을 가지고
하나님께
나아감을
얻느니라

에베소서 3:12
청현재이

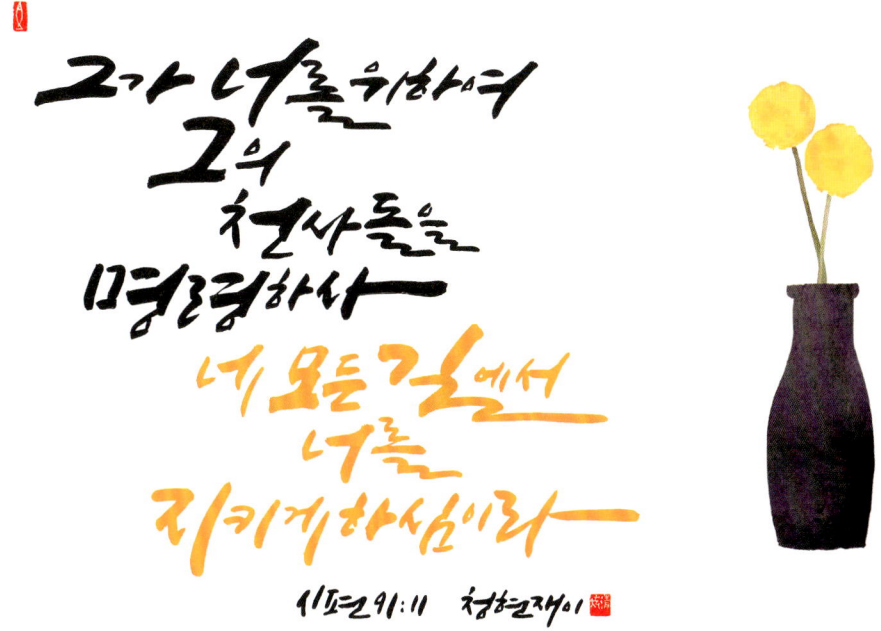

너는 내게 부르짖으라

내가 네게 응답하겠고
네가 알지 못하는 크고 은밀한 일을
네게 보이리라

예레미야 33:3
청현재이

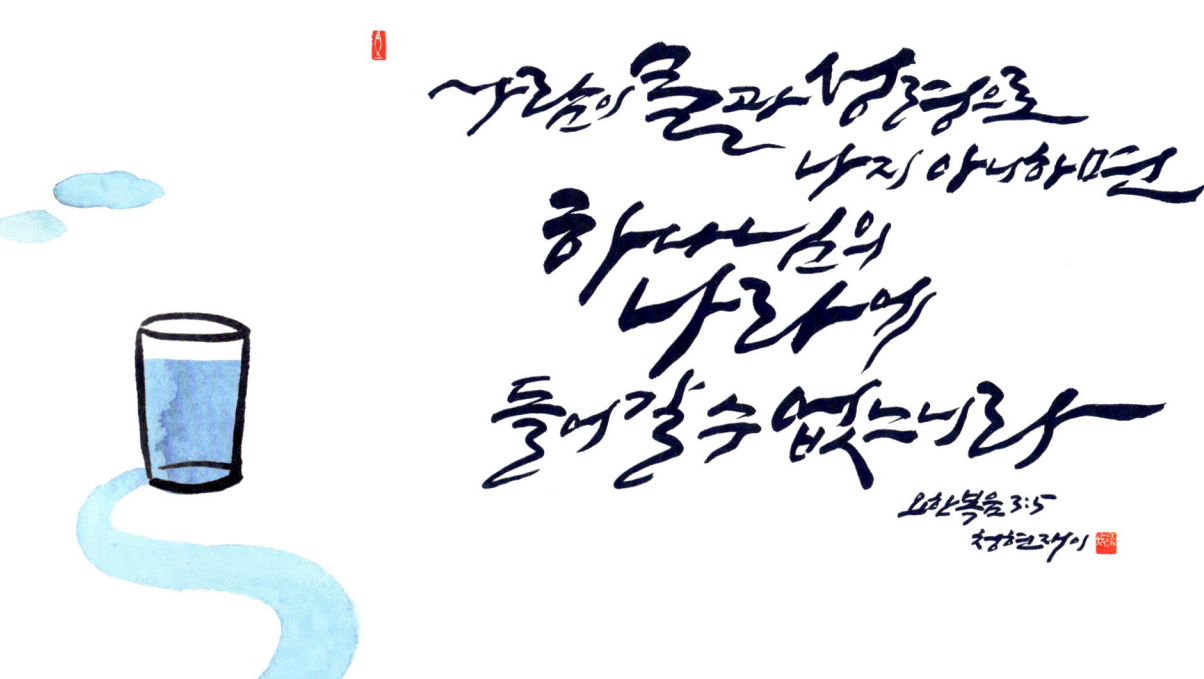

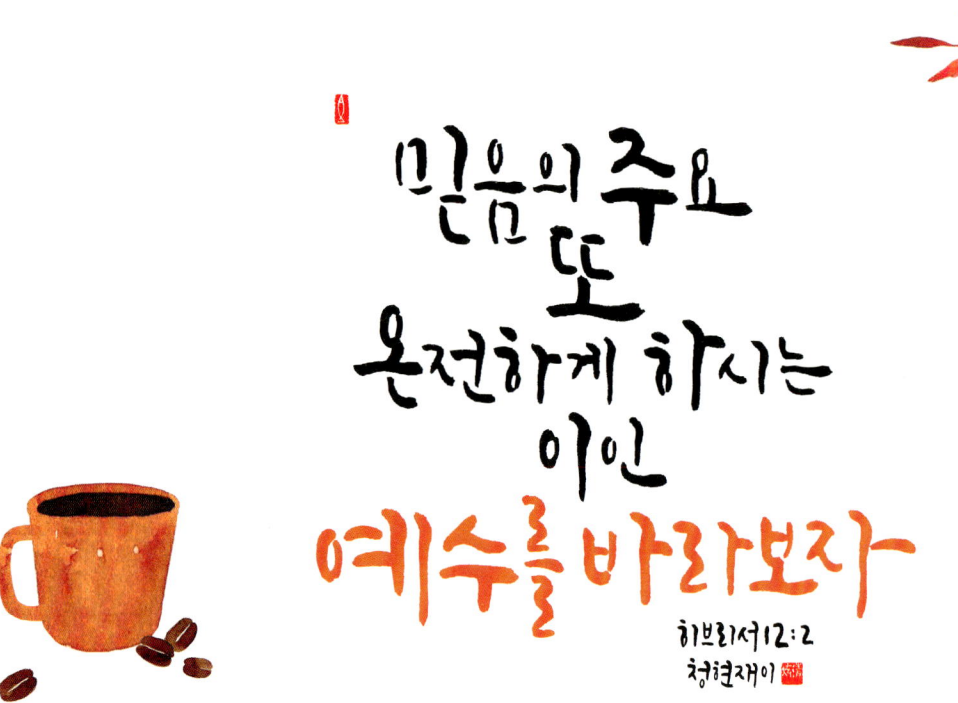

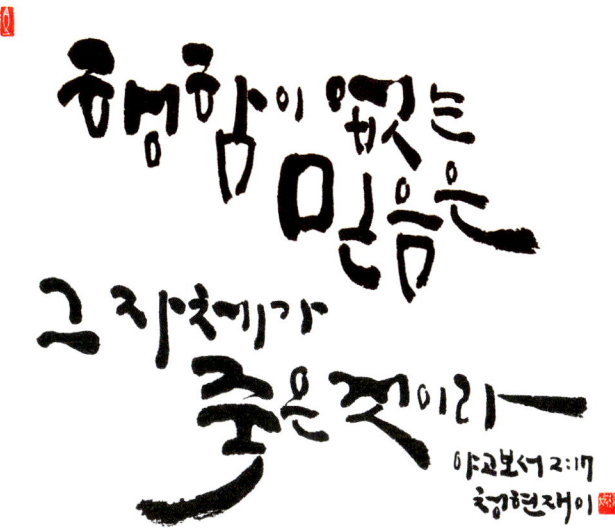

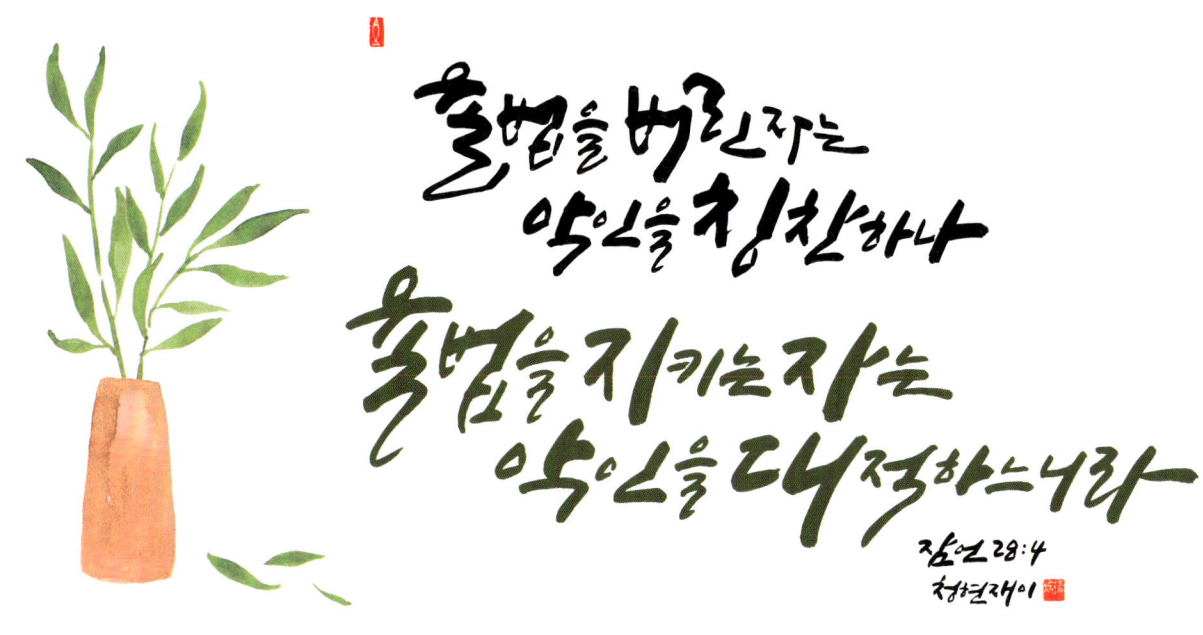

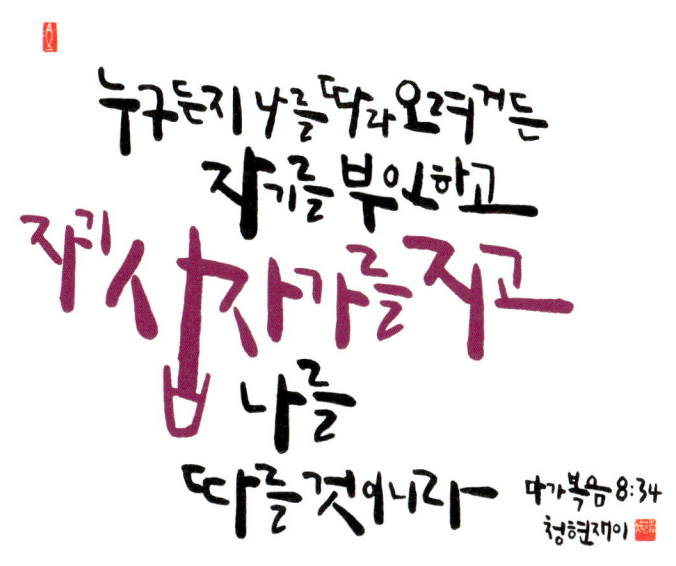 

주께서 나의 슬픔이 변하여
내게 춤이 되게 하시며
나의 베옷을 벗기고 기쁨으로
띠 띠우셨나이다 시편 30:11

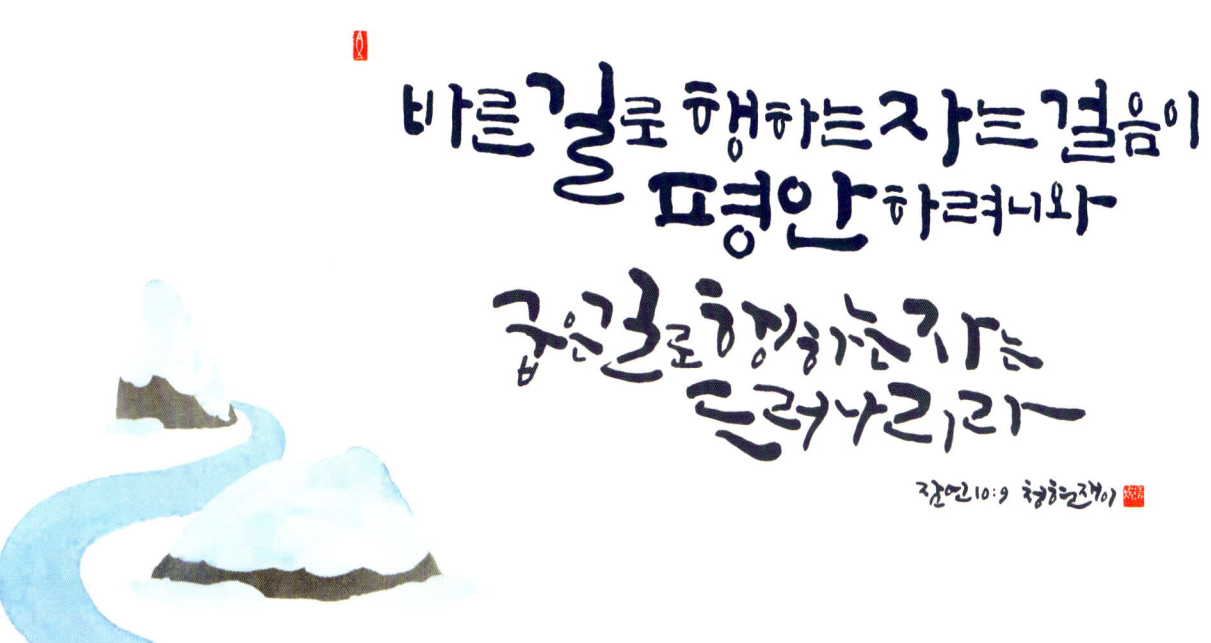

하늘의 하나님 여호와 크고 두려우신 하나님이여

주를 사랑하고 주의 계명을 지키는 자에게 언약을 지키시며 긍휼을 베푸시는 주여 간구하나이다

느헤미야 1:5
청현재이

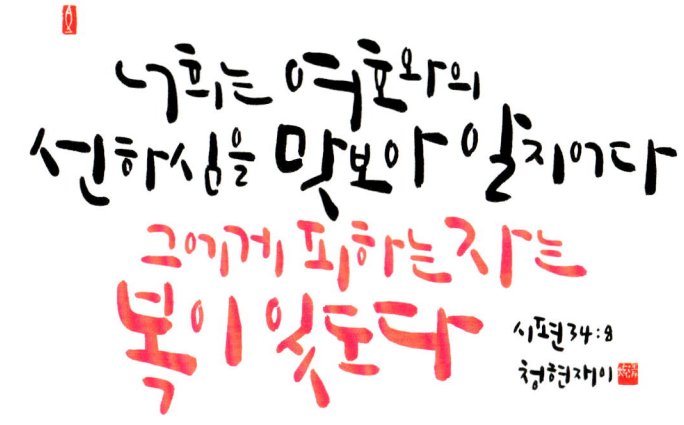

나 여호와 너의
하나님이 네 오른손을 붙들고
네게 이르기를

두려워하지 말라
내가
너를 도우리라

이사야 41:13
청현재이

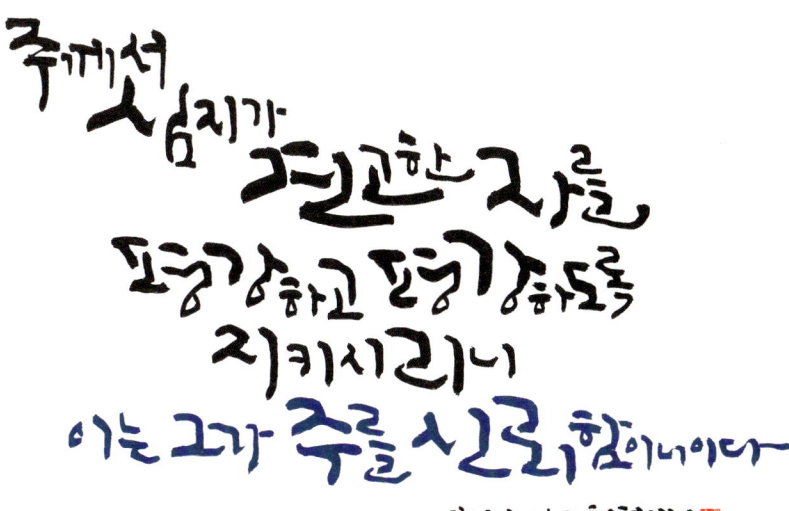

모든 육체는 풀과 같고
그 모든 영광은 풀의 꽃과 같으니
풀은 마르고 꽃은 떨어지되
오직
주의 말씀은 세세토록 있도다

베드로전서 1:24-25
청현조기

환난과 우환이
내게 미쳤으나
주의 계명은
나의
즐거움이니이다

시편119:143 청현재이

내가 주의 법을 어찌 그리
사랑하는지요

내가 그것을 종일
작은 소리로 읊조리나이다

시편 119:97

서로 친절하게 하며
불쌍히 여기며
서로 용서하기를
하나님이 그리스도 안에서
너희를
용서하심과 같이하라
에베소서 4:32
청현재이

너희는 이 세대를 본받지 말고 오직 마음을 새롭게 함으로 변화를 받아 하나님의 선하시고 기뻐하시고 온전하신 뜻이 무엇인지 분별하도록 하라

로마서 12:2

나를 사랑하고
내 계명을
지키는 자에게는
천대까지
은혜를 베푸느니라

출애굽기 20:6

이 하나님은
영원히
우리 하나님이시니
그가 우리를
죽을 때까지
인도
하시리로다

시편 48:14

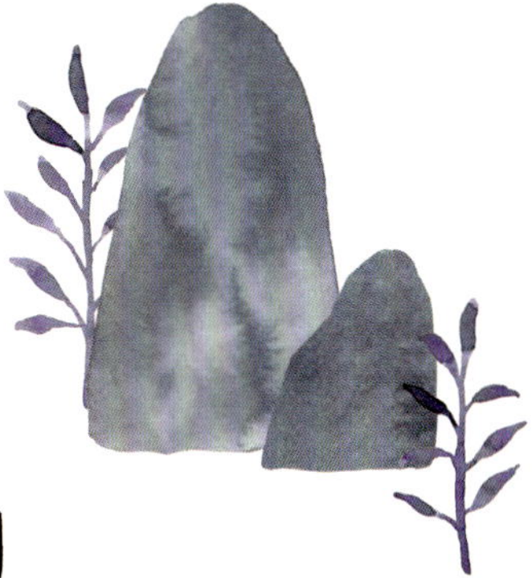

심히 교만한 말을
다시 하지 말 것이며
오만한 말을 너희의 입에서
내지 말지어다
여호와는 지식의 하나님이시라
행동을 달아 보시느니라

사무엘상 2:3
청현재이

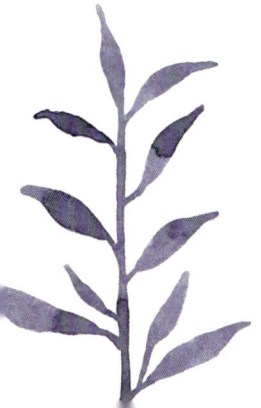

너희는 말씀을
행하는 자가 되고
듣기만 하여
자신을 속이는 자가
되지 말라

야고보서 1:22

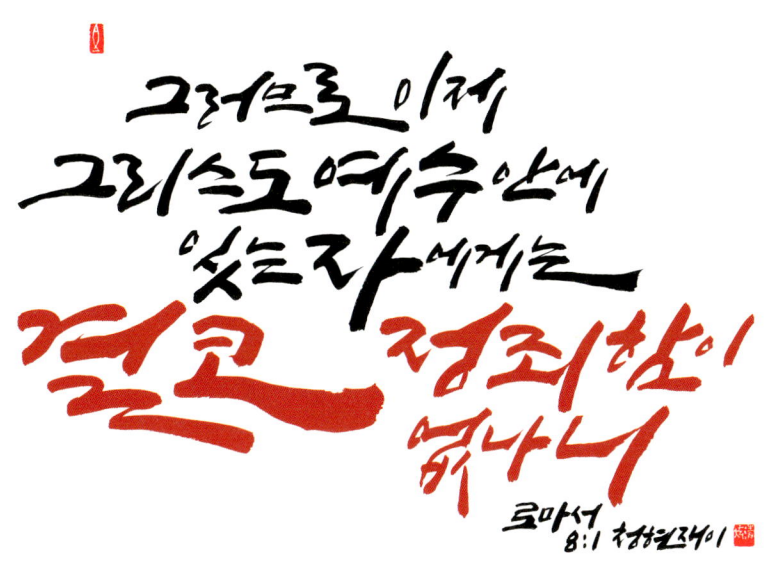

부하려 하는 자들은 시험과 올무와
여러가지 어리석고 해로운
욕심에 떨어지나니
곧 사람으로 파멸과 멸망에
빠지게 하는 것이라

디모데전서 6:9
청헌쟁이

오직
너희를 위하여 보물을
하늘에 쌓아두라
거기는 좀이나
동록이 해하지 못하며
도둑이 구멍을 뚫지도 못하고
도둑질도 못하느니라

마태복음 6:20 청현재이

사람의 마음의
교만은
멸망의 선봉이요
겸손은
존귀의 길잡이니라

잠언 18:12

악인의 제사는 여호와께서 미워하여도 정직한 자의 기도는 그가 기뻐하시느니라

잠언 15:8

우리는 진흙이요
주는 토기장이시니
우리는 다
주의 손으로 지으신 것
이니이다

이사야 64:8
청현재이

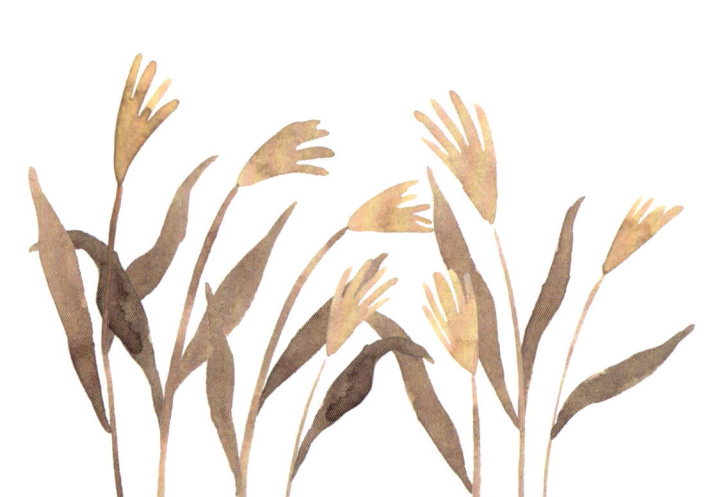

너희 안에서 행하시는 이는 하나님이시니 자기의 기쁘신 뜻을 위하여 너희에게 소원을 두고 행하게 하시나니

빌립보서 2:13

경건의 모양은 있으나
경건의 능력은 부인하니
이 같은 자들에게서
네가 돌아서라

디모데후서 3:5

세상에 금도 있고
진주도 많거니와
지혜로운 입술이 더욱 귀한
보배니라 — 잠언 20:15

모든 눈물을 그 눈에서 닦아 주시니

다시는 사망이 없고 애통하는 것이나 곡하는 것이나 아픈 것이 다시 있지 아니하리니 처음 것들이 다 지나갔음이러라

요한계시록 21:4

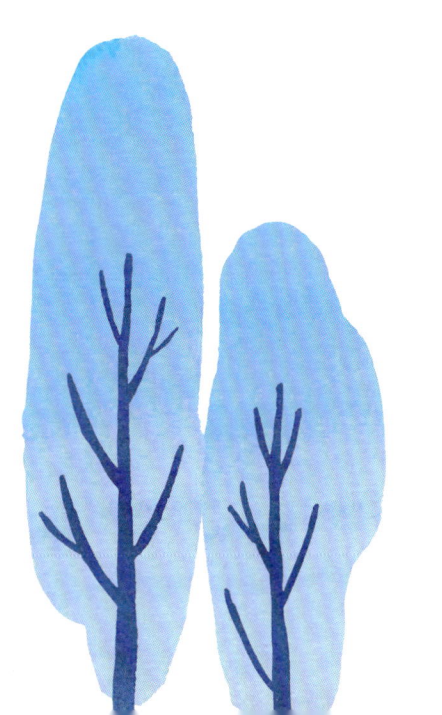
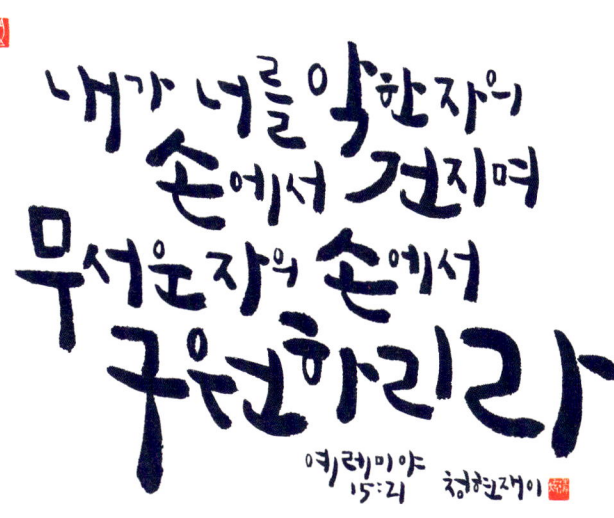

내가 너를 악한 자의 손에서 건지며 무서운 자의 손에서 구원하리라

예레미야 15:21

이 모든 것 위에
사랑을 더하라

이는 온전하게 매는
띠니라

골로새서 3:14

근신이
너를 지키며
명철이
너를 보호하여
악한 자의 길과
패역을
말하는 자에게서
건져내리라

잠언 2:11-12
청현재이

오직 성령의 열매는
사랑과 희락과
화평과 오래 참음과
자비와 양선과
충성과 온유와 절제니
이같은 것을
금지할 법이 없느니라

갈라디아서 5:22-23　청헌크재이

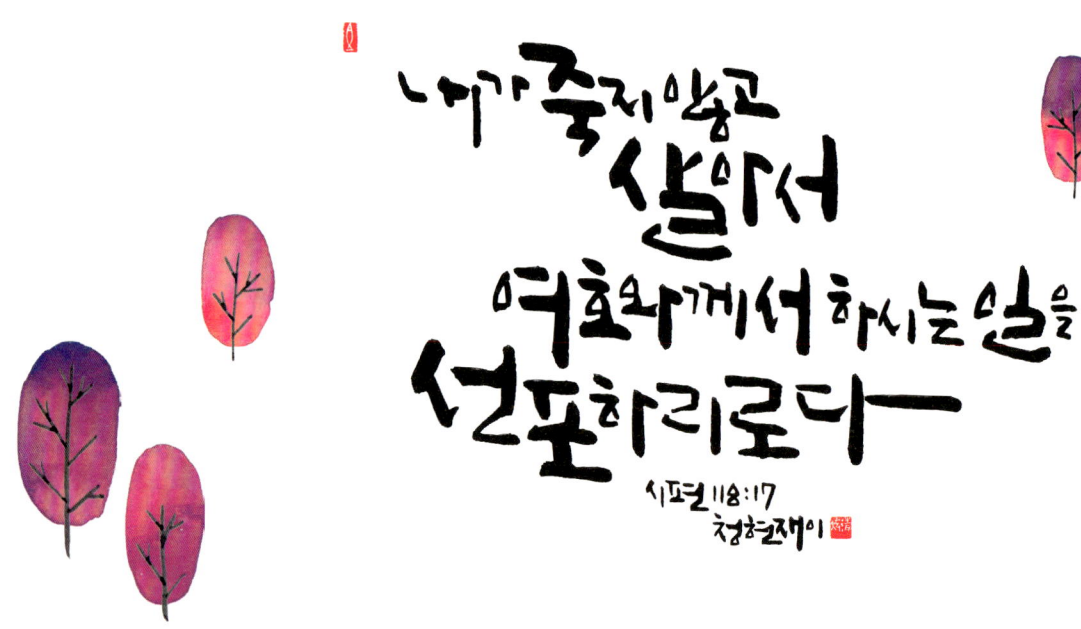

나의 힘이신 여호와여 내가 주를 사랑하나이다
시편 18:1
청현재이

말을 아끼는 자는 지식이 있고 성품이 냉철한 자는 명철하니라

잠언 17:27

너는 악을 갚겠다
말하지 말고
여호와를 기다리라
그가 너를
구원하시리라
잠언 20:22

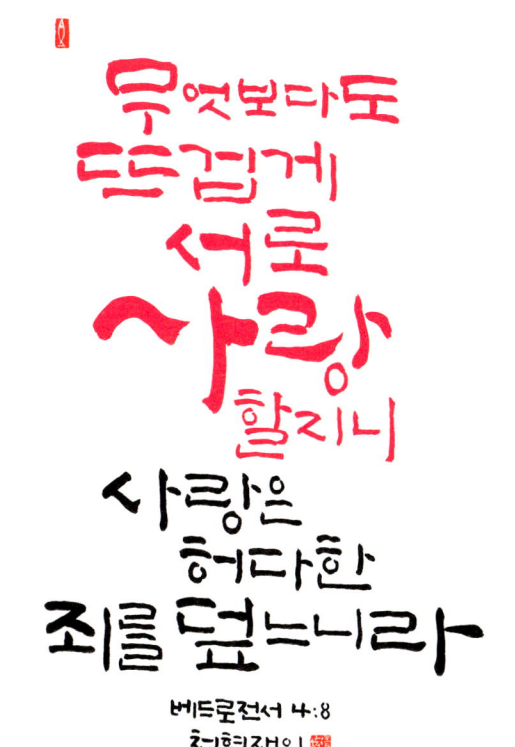

무엇보다도 뜨겁게 서로 사랑할지니 사랑은 허다한 죄를 덮느니라

베드로전서 4:8

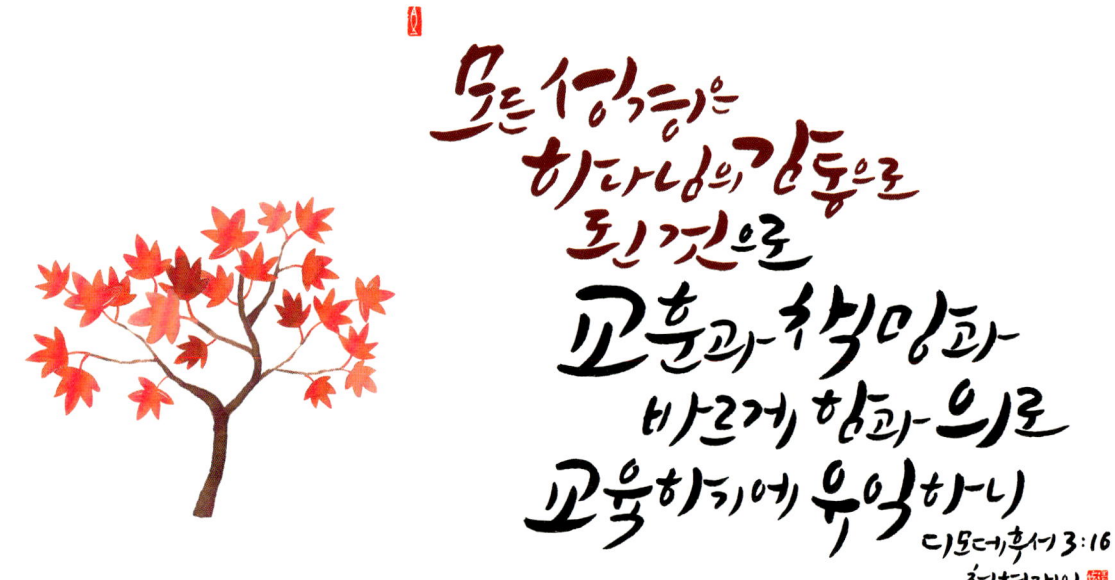

네게 명령하는
그의 모든 명령을 지켜 행하면
네 하나님 여호와께서
너를 세계 모든 민족 위에
뛰어나게 하실 것이라

신명기 28:1 청현재이

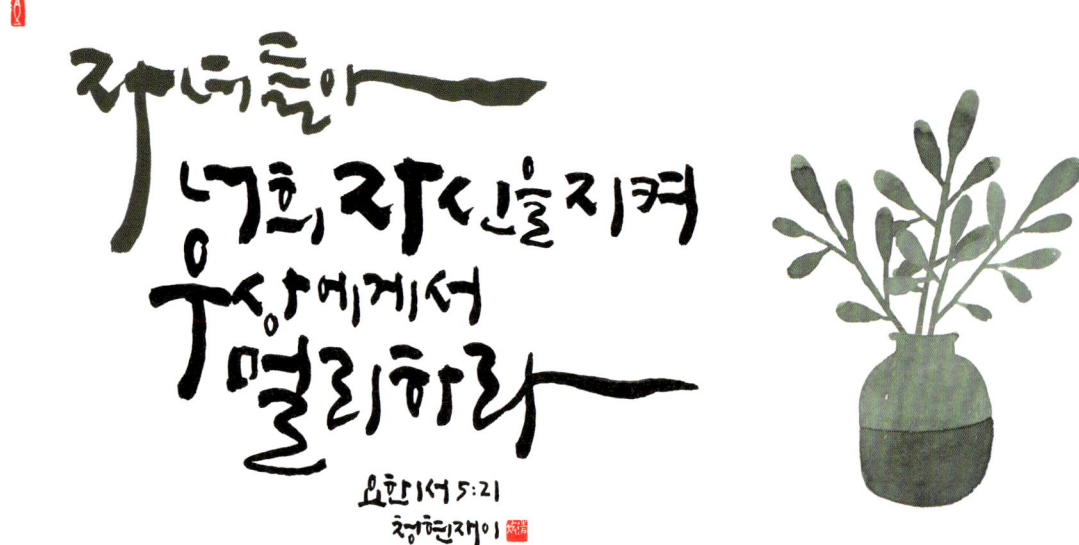

자녀들아
너희 자신을 지켜
우상에게서
멀리하라

요한1서 5:21

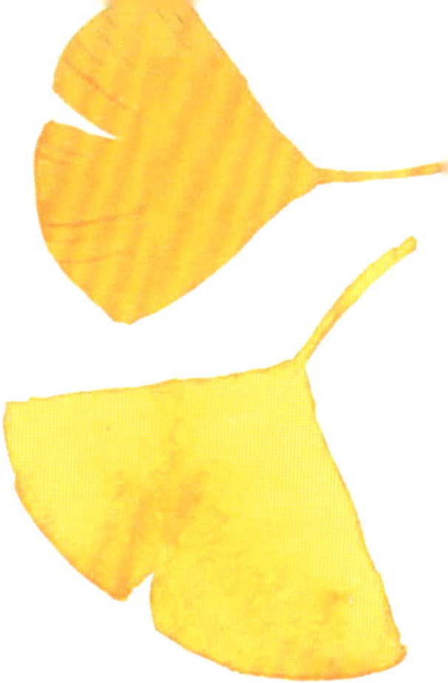

게으른 자는

마음으로 원하여도 얻지 못하나 부지런한 자의 마음은 풍족함을 얻느니라

잠언 13.4 청현재이

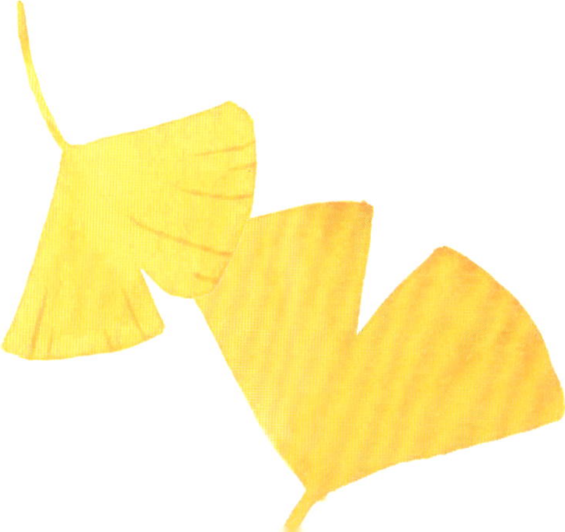

병든자를 고치며 죽은 자를
살리며
나병환자를 깨끗하게 하며
귀신을 쫓아내되 너희가 거저
받았으니 거저 주라
마태복음 10:8

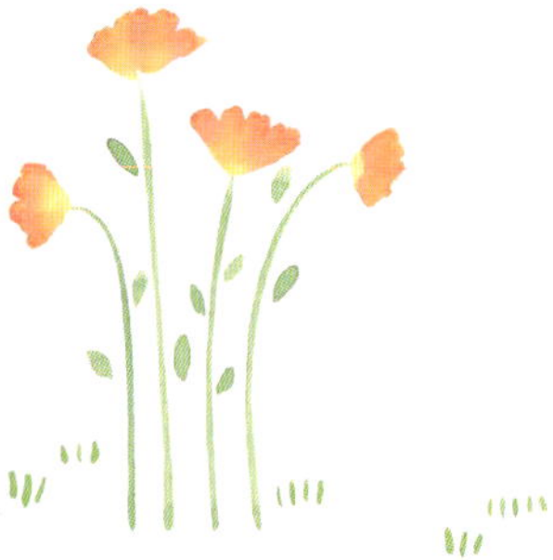

생각하건대 현재의 고난은 장차 우리에게 나타날 영광과 비교할 수 없도다 로마서 8:18

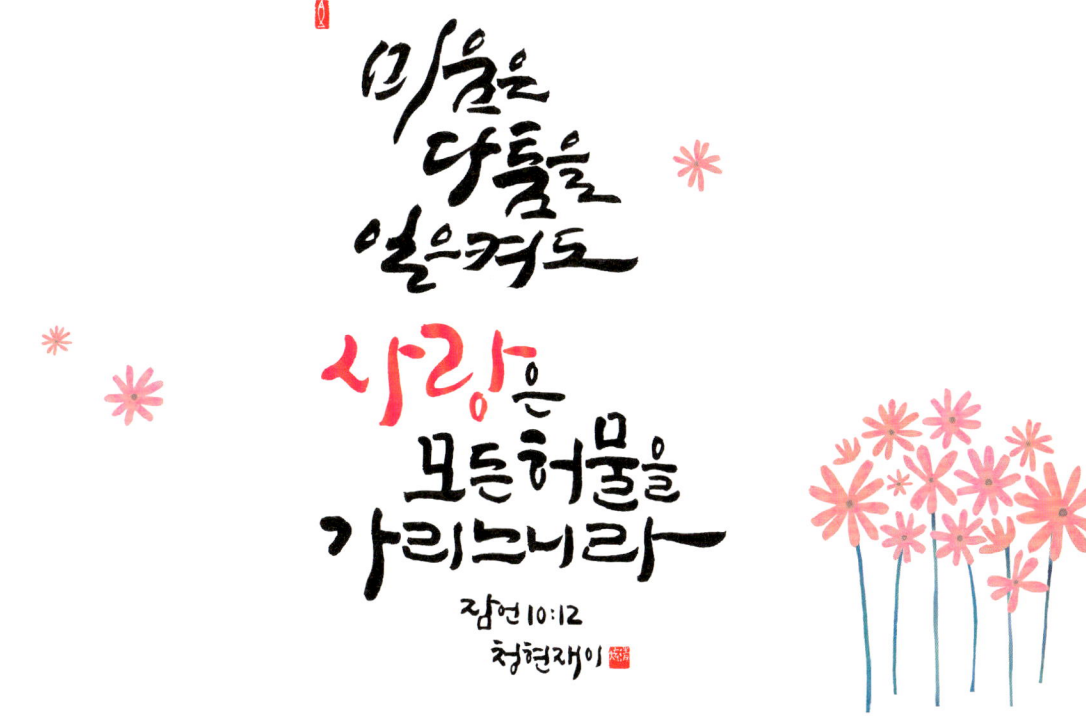

누구든지
저 목숨을 구원하고자 하면
잃을 것이요

누구든지 나를 위하여
저 목숨을 잃으면
구원하리라

누가복음 9:24
청현재이

여호와를 의뢰하고
선을 행하라
땅에 머무는 동안
그의 성실을
먹을 거리로
삼을지어다
시편37:3

시험을 참는 자는 복이 있나니
이는 시련을 견디어 낸 자가
주께서 자기를 사랑하는 자들에게
약속하신 생명의 면류관을
얻을 것이기 때문이라 야고보서 1:12

너희는 값으로 사신 것이니
사람들의 종이 되지 말라

고린도전서 7:23

무엇이든지 기도하고
구하는 것은
받은 줄로 믿으라

그리하면
너희에게
그대로 되리라

마가복음 11:24
청현재이

너는 입을 열어
　공의로 재판하여
곤고한 자와
　궁핍한 자를
신원할지니라

잠언 31:9
청현재이

만군의 여호와께서 맹세하여 이르시되

내가 생각한 것이 반드시 되며 내가 경영한 것을 반드시 이루리라

이사야 14:24
청현재이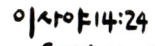

군사같이 일르리라
네곤핍이
강도같이 오며
네빈궁이
좀더 누어 있자하니
숲을 모으고
좀더 졸자
내가 좀더 자자

잠언 24:33-34
청천재이

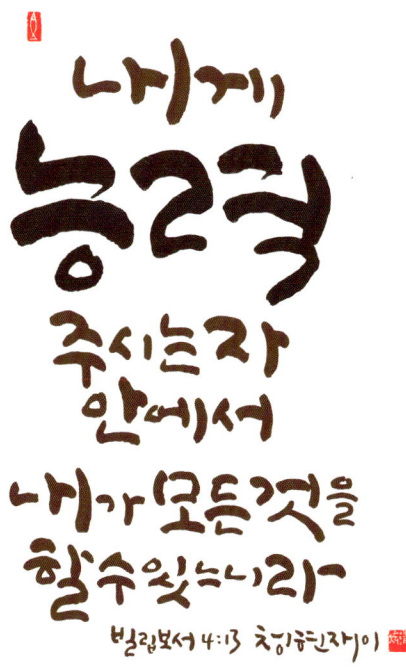
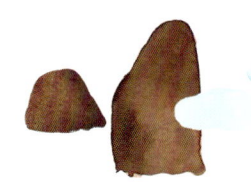

내게 능력 주시는 자 안에서 내가 모든 것을 할 수 있느니라

빌립보서 4:13

그리스도께서 너희를 사랑하신 것 같이
너희도 사랑 가운데서 행하라
그는 우리를 위하여 자신을 버리사
향기로운 제물과 희생제물로
하나님께 드리셨느니라

에베소서 5:2

평안을 너희에게 끼치노니
곧
나의 평안을
너희에게 주노라

내가 너희에게 주는 것은
세상이 주는 것과 같지 아니하니라
너희는 마음에 근심하지도 말고
두려워하지도 말라 요한복음 14:27
청현지기

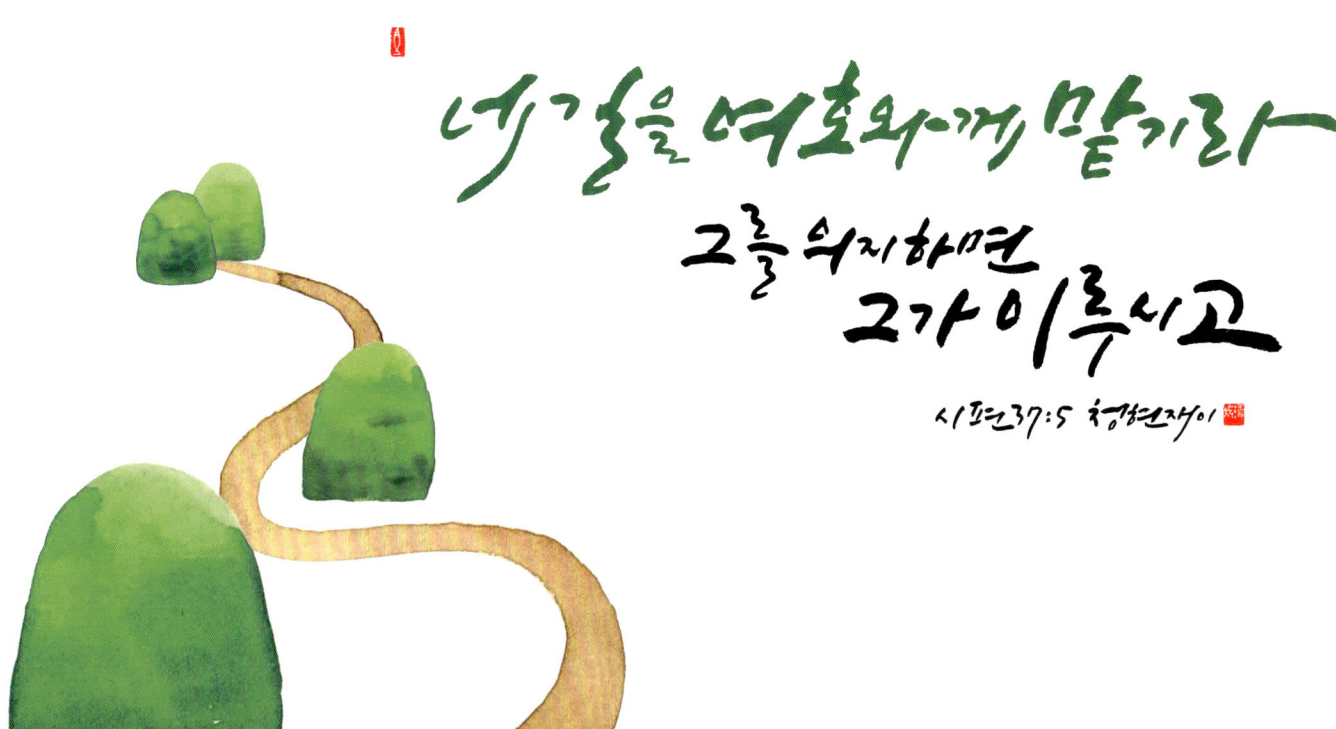

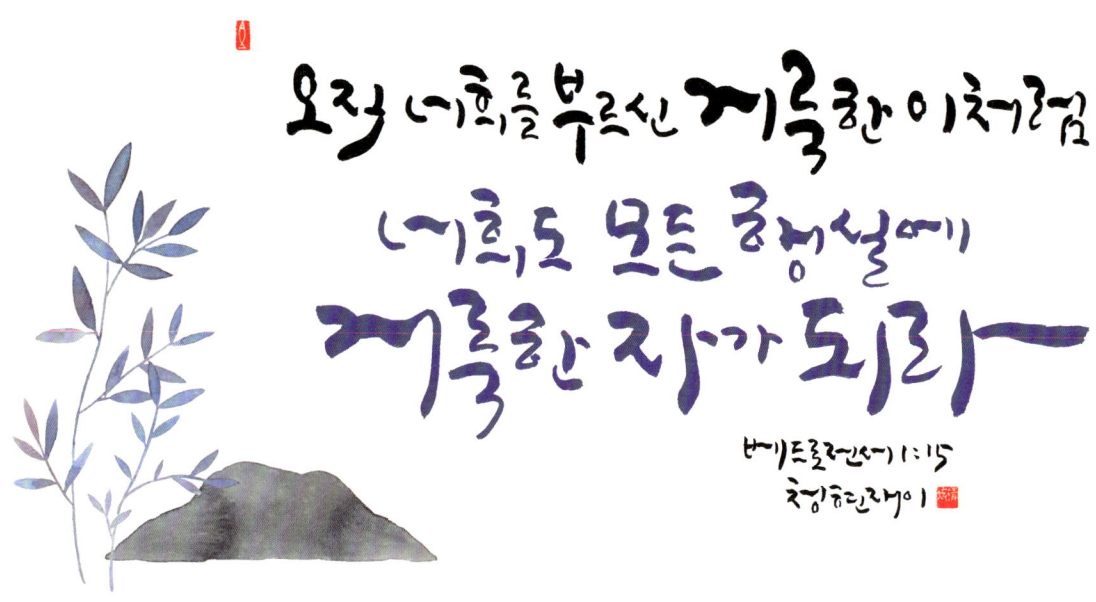

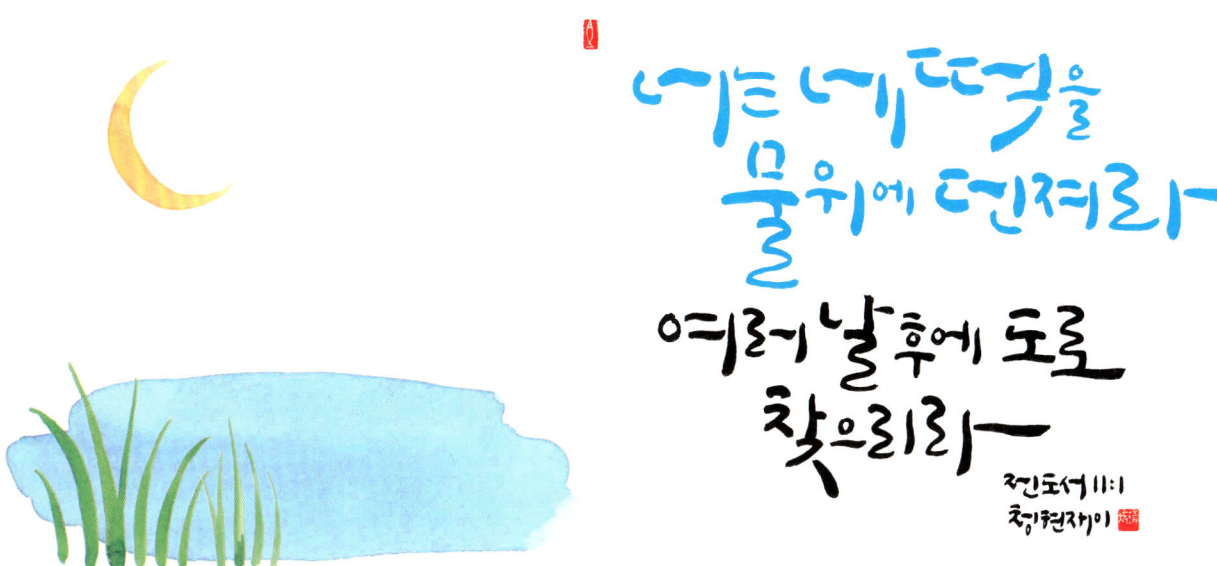

영생은
곧 유일하신 참 하나님과
그가 보내신 자
예수 그리스도를
아는 것이니이다

요한복음 17:3

아무에게나 경솔히
안수하지
말고
다른 사람의 죄에
간섭하지 말며
네 자신을 지켜
정결하게 하라

디모데전서 5:22

하나님이 그들에게 복을 주시며
하나님이 그들에게 이르시되
생육하고 번성하여 땅에 충만하라
땅을 정복하라
바다의 물고기와 하늘의 새와
땅에 움직이는 모든 생물을
다스리라 하시니라 창세기 1:28

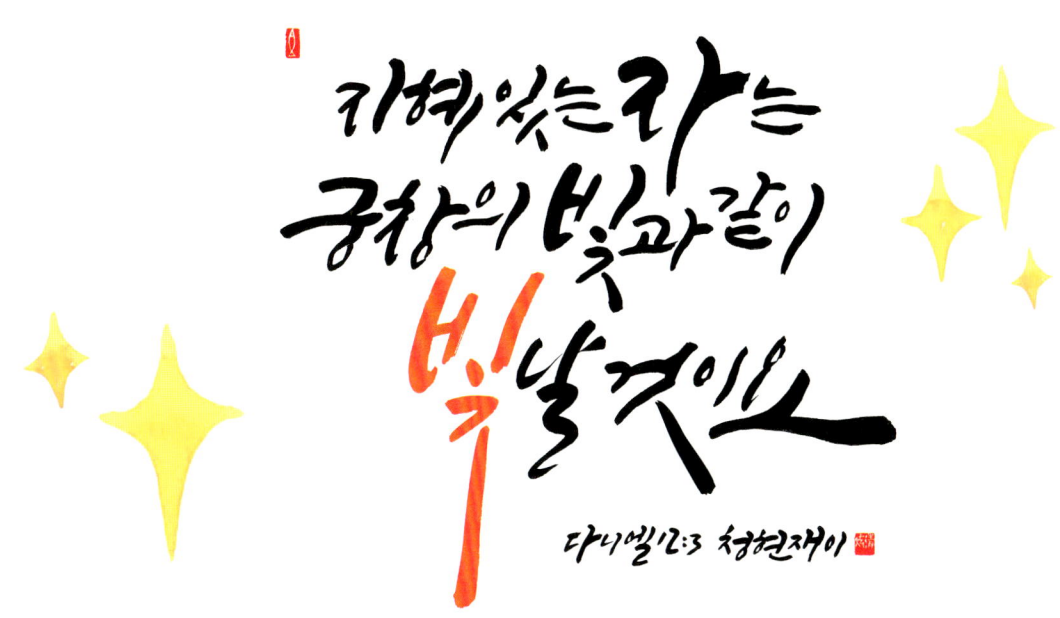

우리는 구원 받는 자들에게나 망하는 자들에게나 하나님 앞에서 그리스도의 향기니 고린도후서 2:15

곧 내가 그들 안에 있고 아버지께서
내 안에 계시어
그들로 온전함을 이루어
하나가 되게 하려 함은
아버지께서 나를 보내신 것과
또 나를 사랑하심 같이
그들도 사랑하신 것을 세상으로
알게 하려 함이로소이다

요한복음 17:23 청원재이

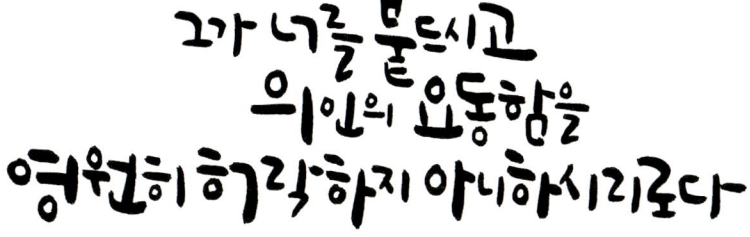

네 짐을 여호와께 맡기라
그가 너를 붙드시고
의인의 요동함을
영원히 허락하지 아니하시리로다

시편55:22 청헌재이

너희는 들을지어다

내가 가장 선한 것을 말하리라

내 입술을 열어 정직을 내리라

잠언 8:6

겨누드라의의 열매를
화평으로 심어
자들은
화평하게 하는

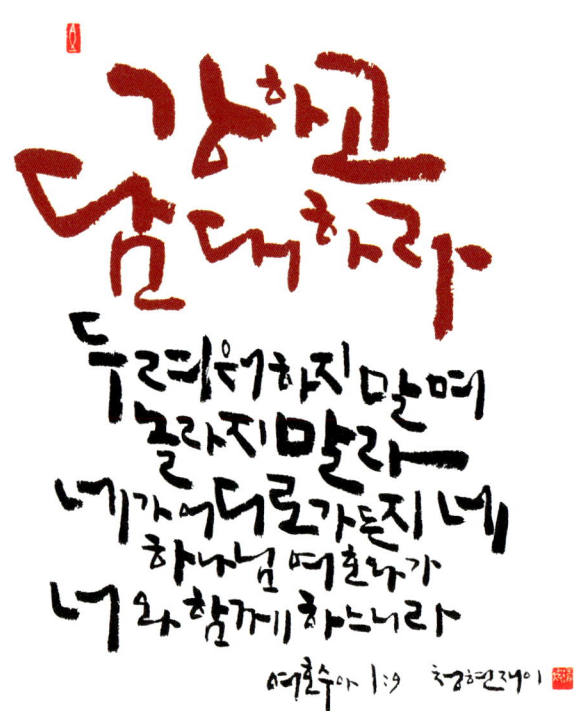

강하고 담대하라
두려워하지 말며
놀라지 말라
네가 어디로 가든지 네
하나님 여호와가
너와 함께 하느니라

여호수아 1:9 청흔쟁이

너희는 여호와께서
너희를 위하여 행하신 그 큰 일을
생각하며

오직 그를 경외하며
너희의 마음을 다하여
진실히 섬기라

사무엘상 12:24

네 생물이 이르되
아멘하고
장로들은 엎드려
경배하더라

요한계시록 5:14

보좌 가운데에 계신
어린 양이
그들의 목자가 되사
생명수 샘으로
인도하시고
하나님께서 그들의 눈에서
모든 눈물을
씻어 주실 것임이라

요한계시록 7:17

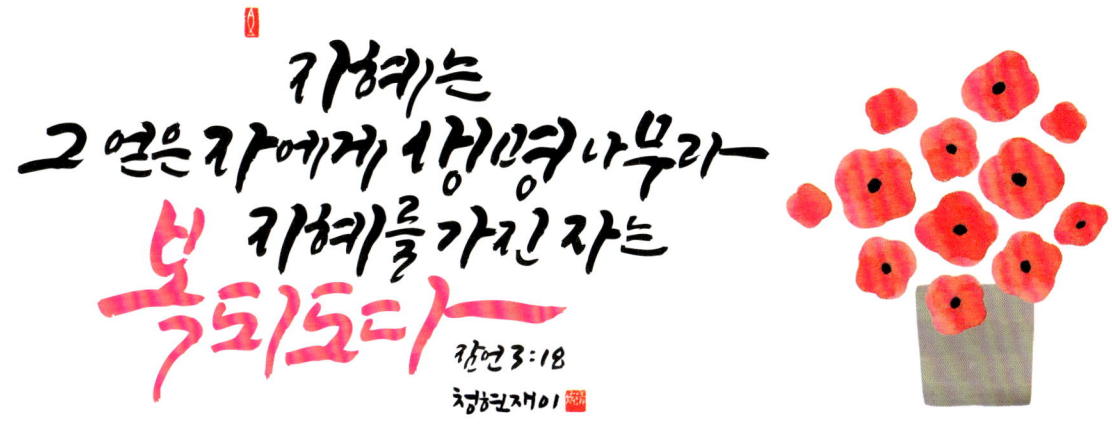

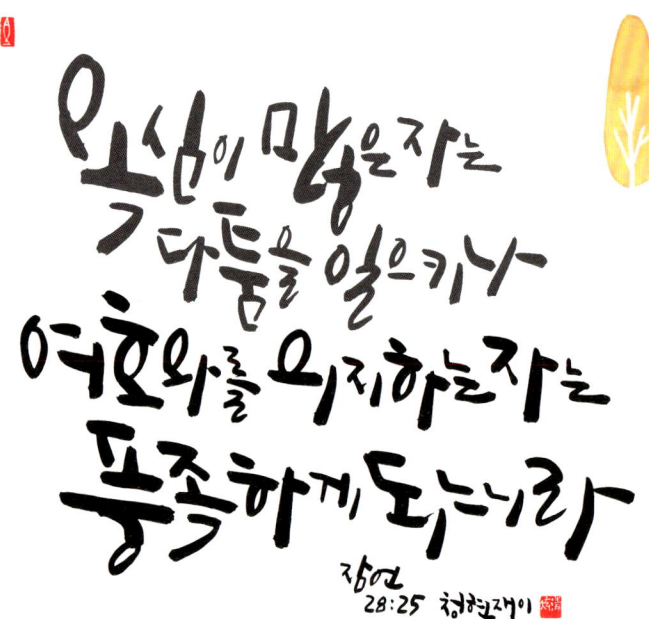

육신의 생각은
하나님과 원수가 되나니
이는 하나님의 법에
복종하지 아니할뿐 아니라
할 수도 없음이라 — 로마서 8:7

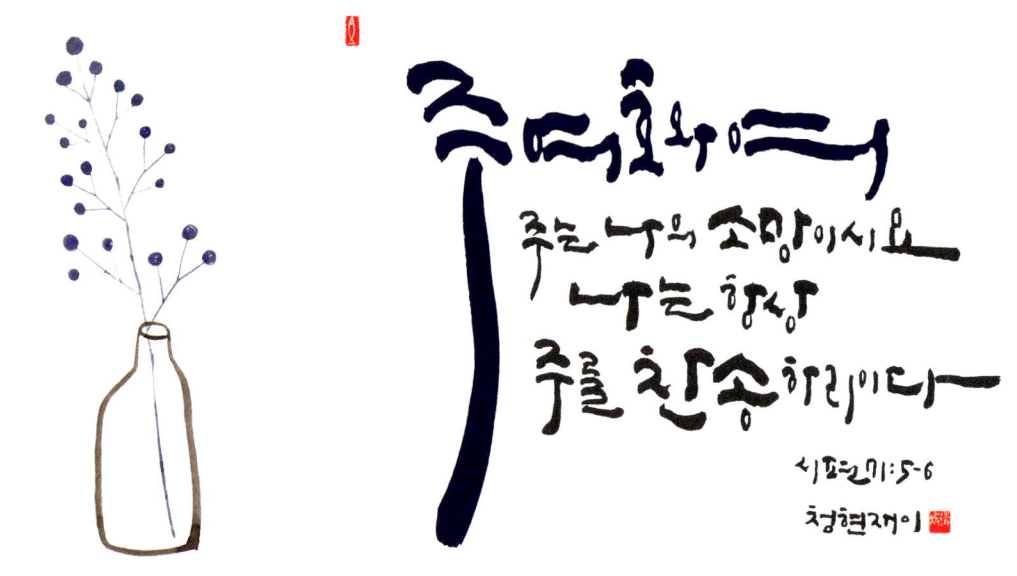

주 여호와의 영이 내게 내리셨으니
이는 여호와께서 내게 기름을 부으사
가난한 자에게
아름다운 소식을 전하게 하려 하심이라
나를 보내사 마음이 상한 자를
고치며 포로된 자에게 자유를
갇힌 자에게 놓임을 선포하며

이사야 61:1
청지기 권재이

우리 안에 거하시는
성령으로 말미암아
네게 부탁한
아름다운 것을 지키라

디모데후서 1:14
청현재이

의인은 종려나무 같이 번성하며
레바논의 백향목같이 성장하리로다

시편 92:12

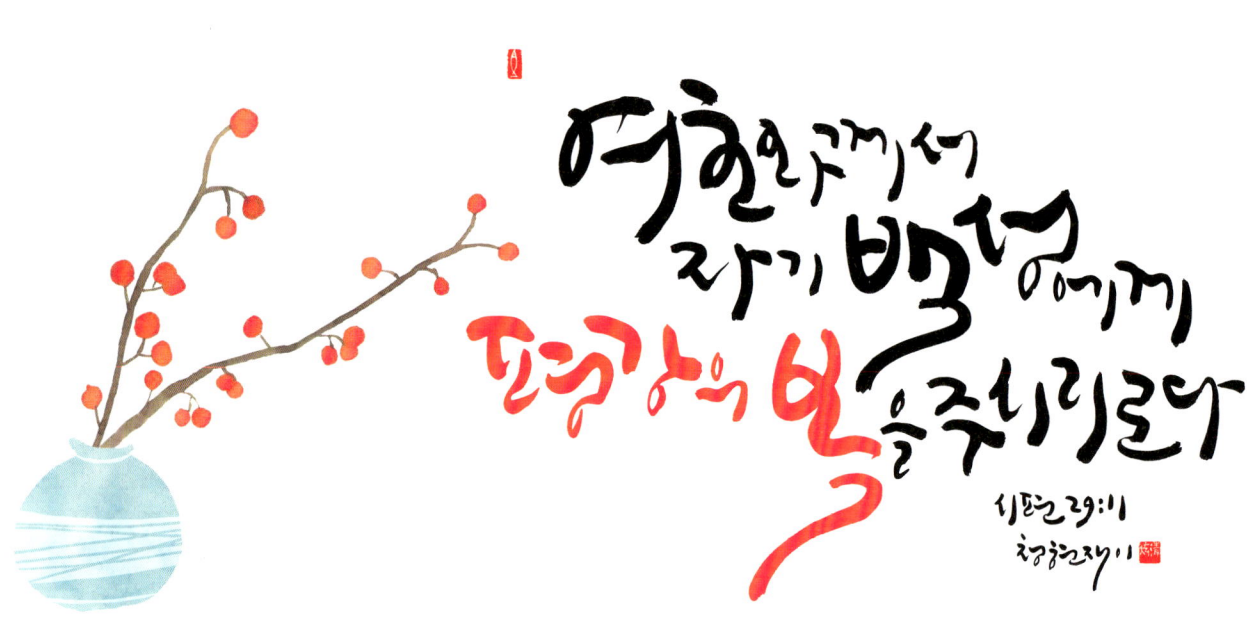

그리스도의 고난이
우리에게 넘친 것같이
우리가 받는
위로도
그리스도로 말미암아
넘치는도다

고린도후서
1:5
청현재이

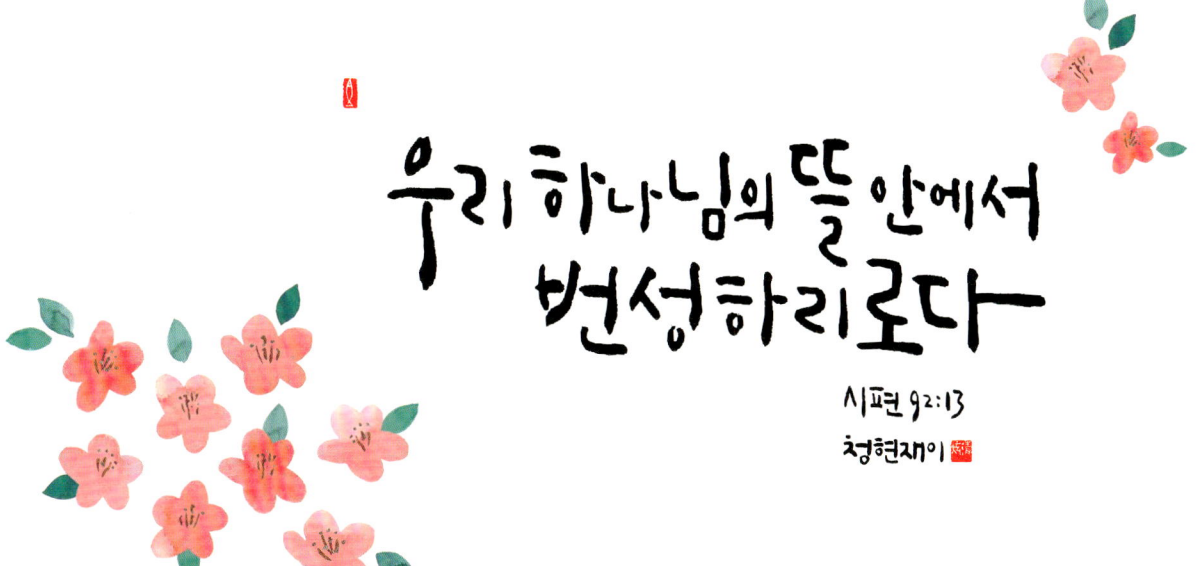

허물을
덮어 주는 자는
사랑을
구하는 자요

그것을
거듭 말하는 자는
친한 벗을
이간하는
자니라
잠언 17:9
청현재이

발이여 한과 같으니라 좋은 소식을 전하는 자들의
알음답도다

어찌 전파하리요
보내심을 받지 아니하였으면
어찌 들으리요
전파하는 자가 없이
어찌 믿으리요
듣지도 못한 이를
어찌 부르리요
이를
그들이 믿지 아니하는
그런즉

로마서 10:14-15
천현재

아버지가 내게 가르쳐 이르기를 내 말을 네 마음에 두라 내 명령을 지키라 그리하면 살리라 잠언 4:4

여호와는 나의 빛이요, 나의 구원이시니
내가 누구를 두려워하리요
여호와는 내 생명의 능력이시니
내가 누구를 무서워하리요

시편 27:1 청향 홍자이

하나님이 우리에게 주신 것은
두려워하는 마음이 아니요
오직 능력과 사랑과 절제하는
마음이니

디모데후서 1:7

너희 믿음의 확실함은
불로 연단하여도 없어질 금보다
더 귀하여 예수 그리스도께서
나타나실 때에 칭찬과 영광과
존귀를 얻게 할 것이니라

베드로전서 1:7
청현재이

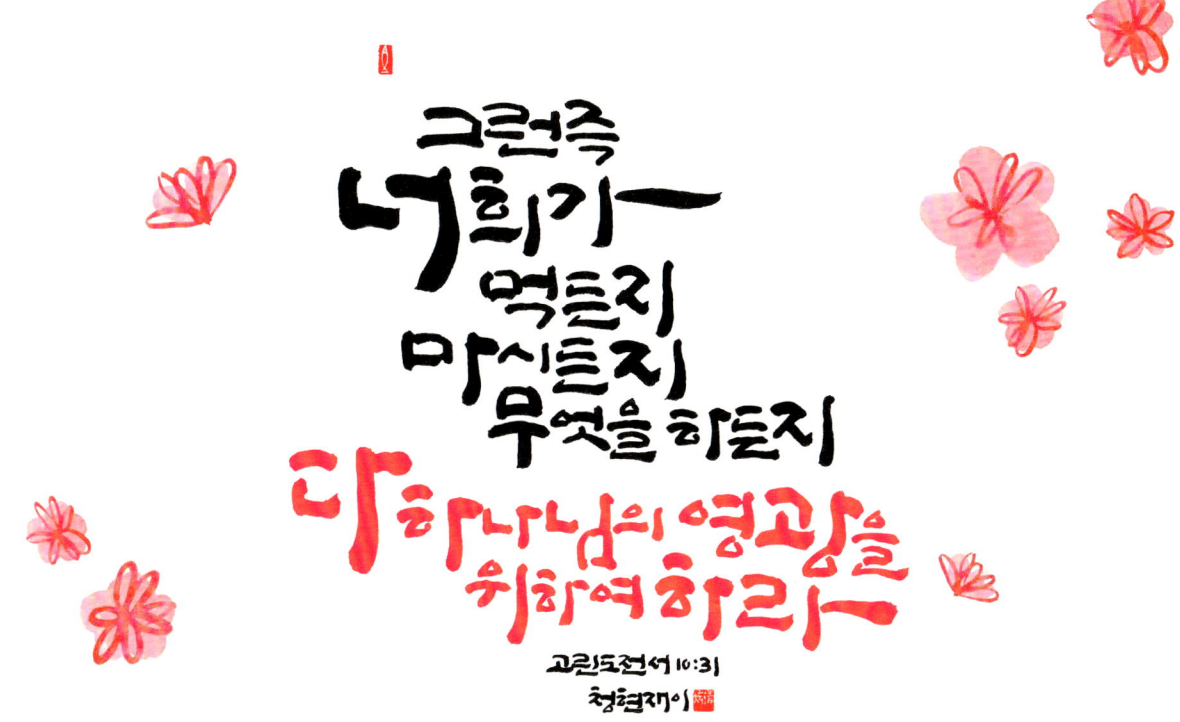

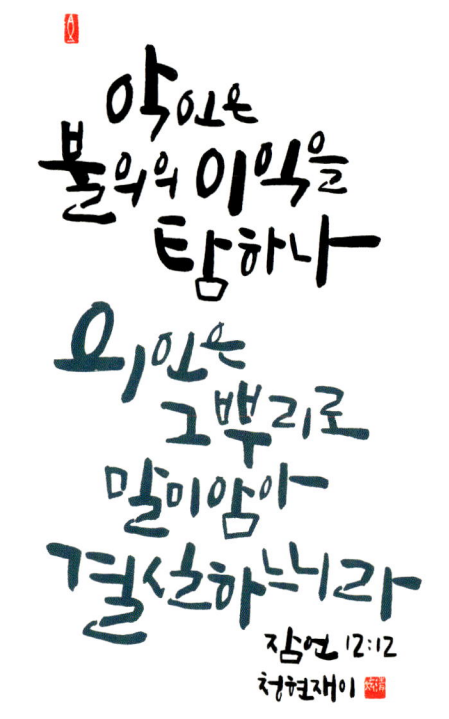

악인은 불의의 이익을 탐하나 의인은 그 뿌리로 말미암아 결실하느니라

잠언 12:12

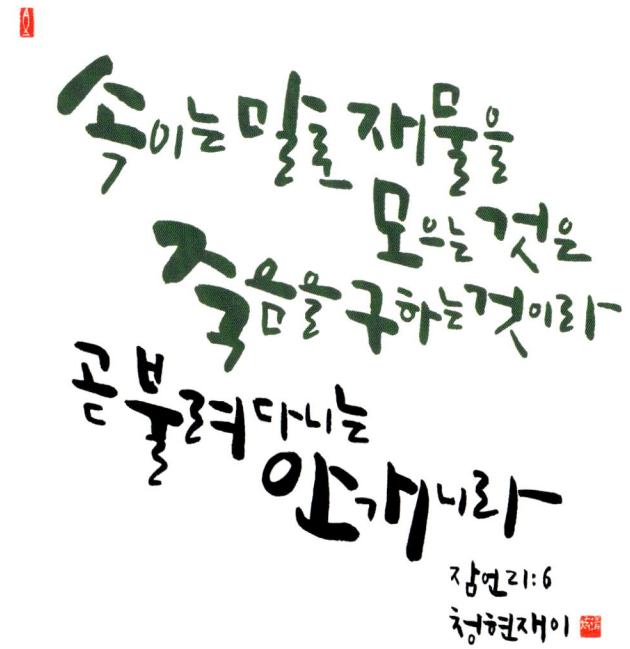

속이는 말로 재물을 모으는 것은 죽음을 구하는 것이라 곧 불려다니는 안개니라

잠언 21:6
청현재이

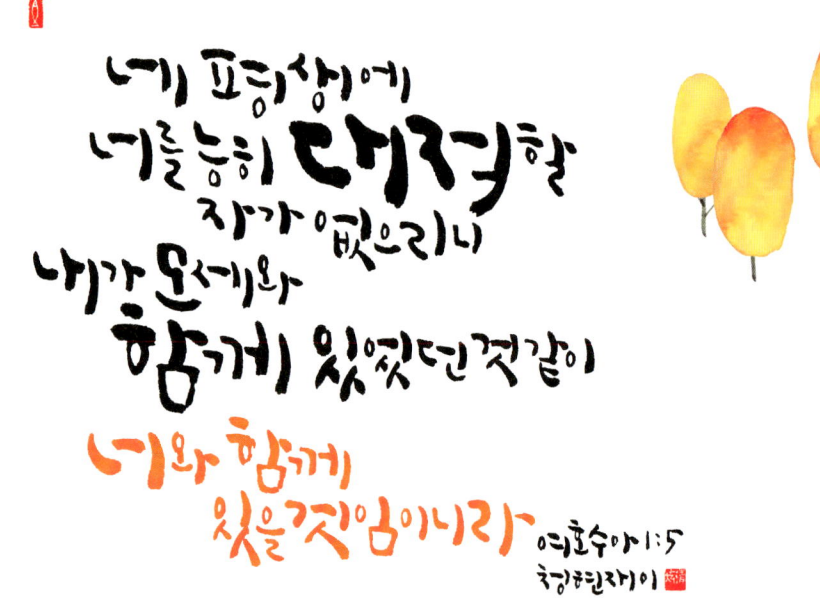

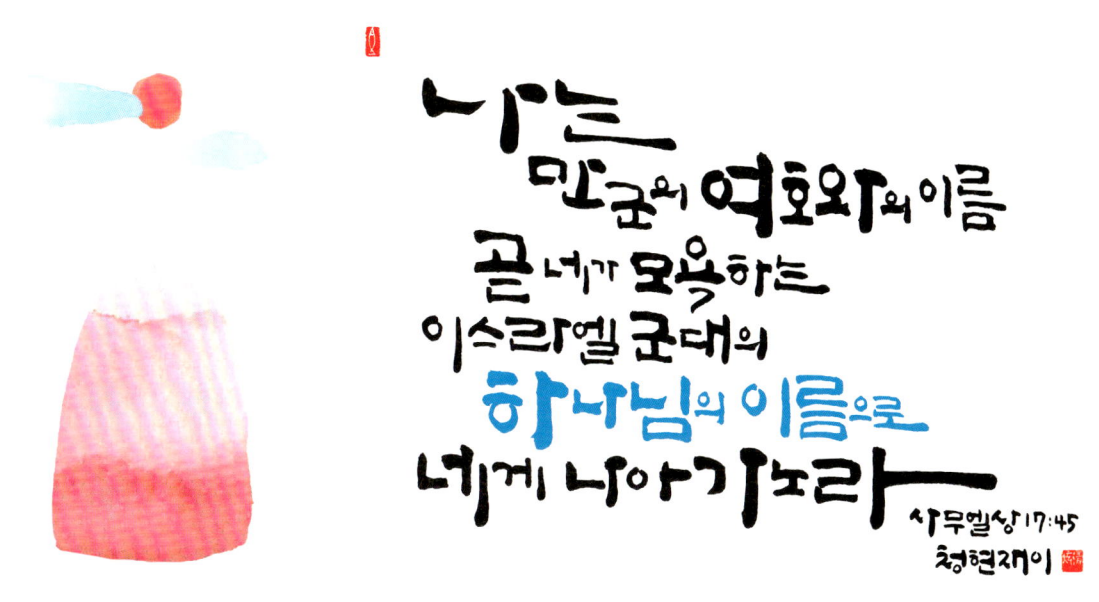

하늘의 하늘도 그를 찬양하며
하늘 위에 있는 물들도
그를 찬양할지어다

시편 148:4
청현재이

그런즉 너희는 먼저
그의 나라와 그의 의를 구하라

그리하면
이 모든 것을
너희에게 더하시리라

마태복음 6:33

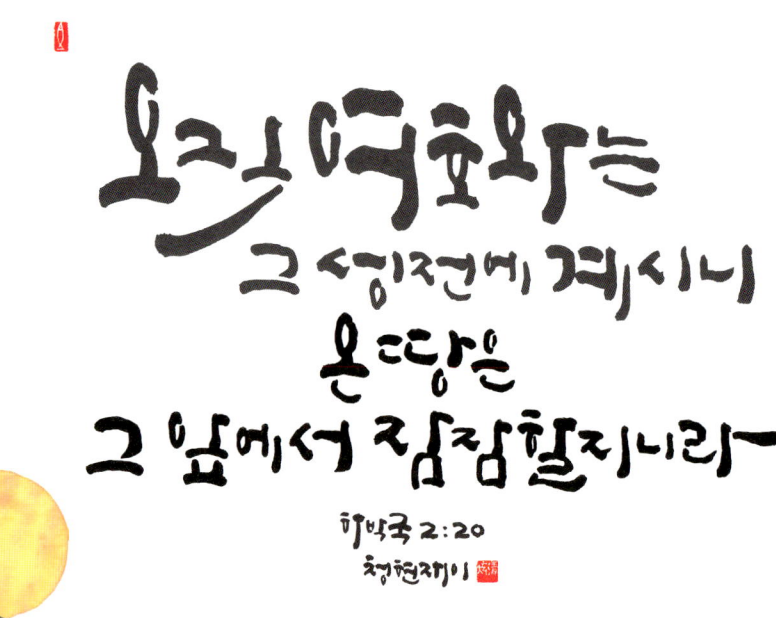

보라—
내가 새 일을 행하리니
이제 나타낼 것이라
너희가 그것을
알지 못하겠느냐

반드시
내가 광야에 길을
사막에 강을 내리니

이사야 43:19 청현진재이

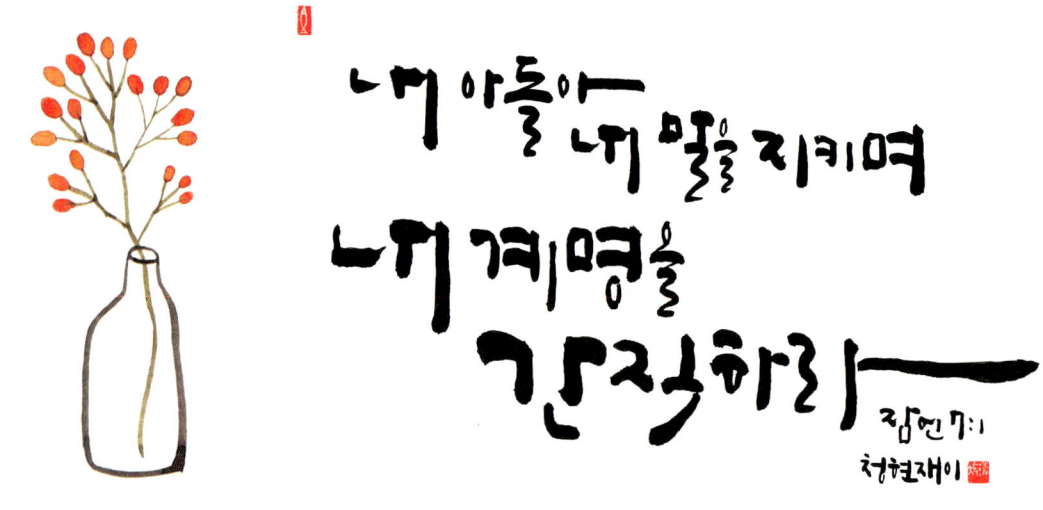

누구든지 세상과 벗이
되고자 하는
자는 스스로
하나님과
원수 되는
것이니라

야고보서 4:4
청현재이

모든 일을 그의 뜻의 결정대로
일하시는 이의 계획을 따라
우리가 예정을 입어
그 안에서 기업이 되었으니

에베소서 1:11
청허그쟁이

내가 하나님을 의지하고
그 말씀을 찬송할지라
내가 하나님을 의지하였은즉
두려워하지 아니하리니
혈육을 가진 사람이
내게 어찌 하리이까
시편 56:4

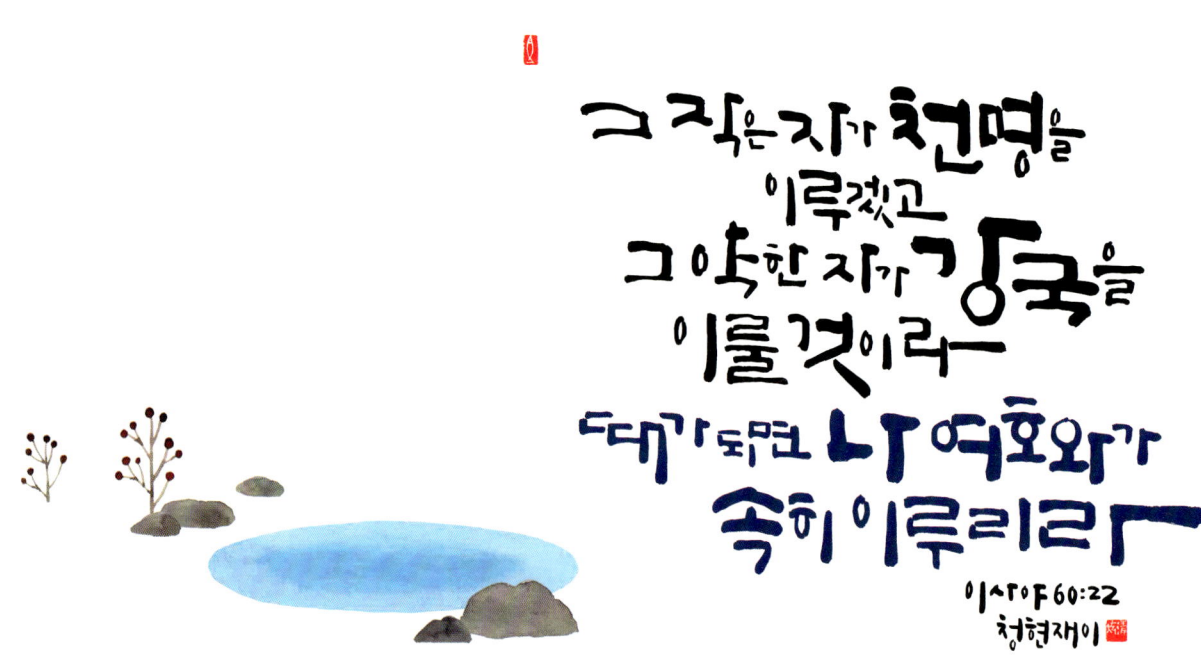

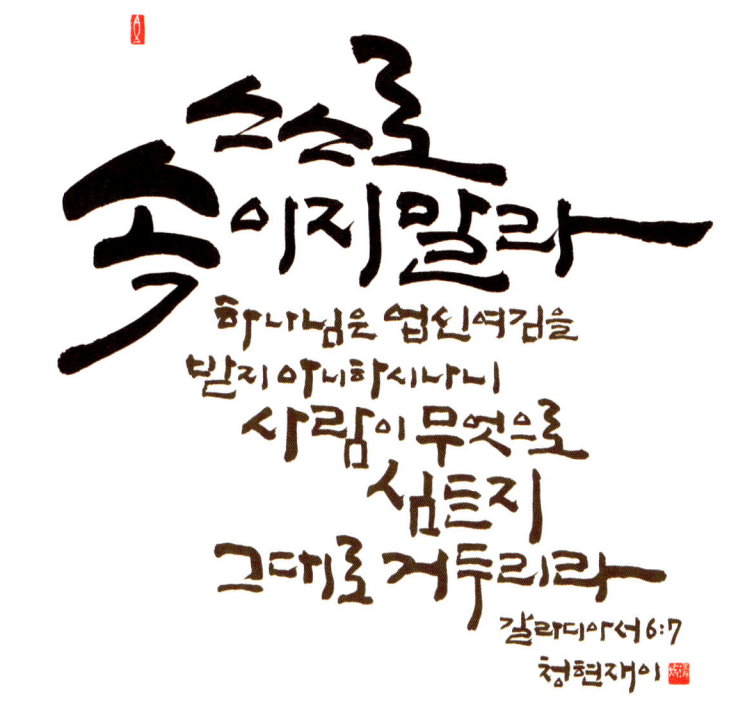

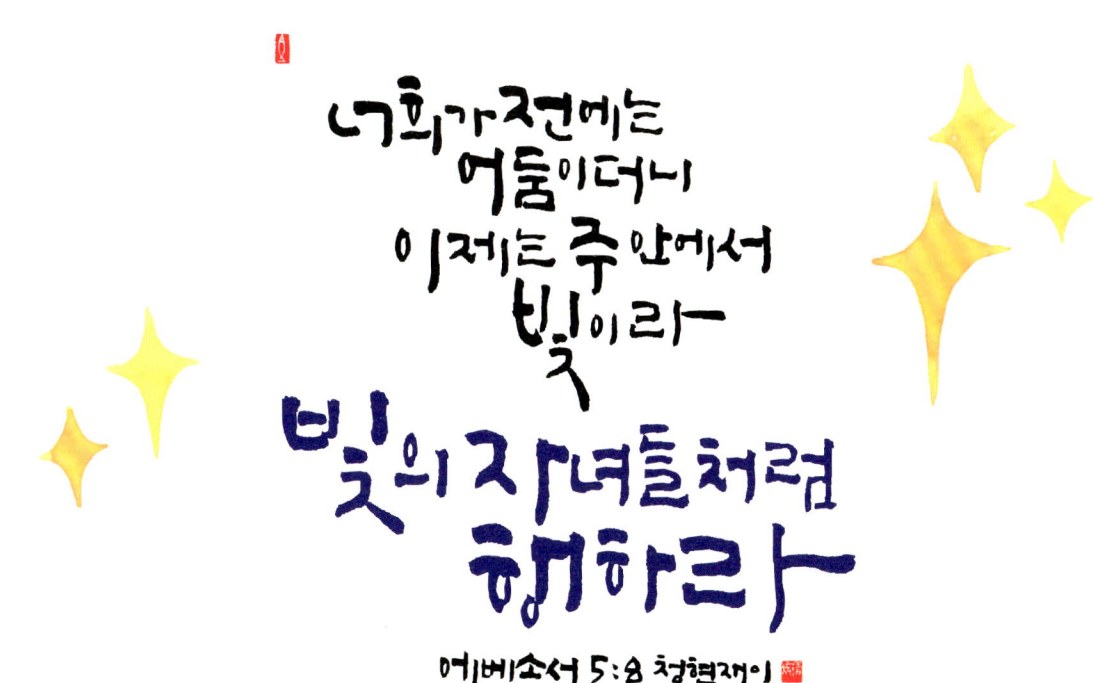

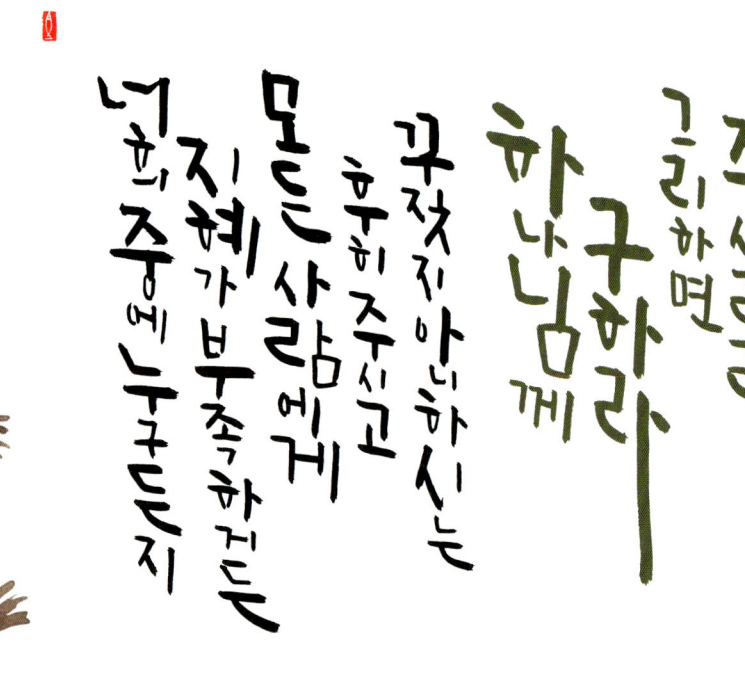

주시리라 그리하면 구하라 하나님께
꾸짖지 아니하시는 후히 주시고 모든 사람에게 지혜가 부족하거든 너희 중에 누구든지

내가 주께 대하여
귀로 듣기만
하였사오나
이제는 눈으로 주를
뵈옵나이다 욥기42:5
청현재이

잘 다스리는 장로들은
배나 존경할 자로 알되
말씀과 가르침에
수고하는 이들에게는
더욱 그리할 것이니라 디모데전서 5:17
청향재이

여호와는 너를 지키시는 이시라
여호와께서
네 오른쪽에서
네 그늘이 되시나니
시편121:5

그는 정직한 자를 위하여
완전한 지혜를 예비하시며
행실이 온전한 자에게
방패가 되시나니

잠언 2:7
청현재이

너는
두려워하지 말라
내가 너를
구속하였고
내가 너를 지명하여 불렀나니
너는
내것이라

이사야 43:1
칭하는자니

오직
우리 주 곧 구주 예수 그리스도의 은혜와
그를 아는 지식에서 자라가라
영광이 이제와
영원한 날까지 그에게 있을지어다

베드로후서 3:18

주께서 내게
복을 주시려거든
나의 지역을
넓히시고
주의 손으로 나를 도우사
나로 환난을
벗어나 내게
근심이 없게
하옵소서

역대상 4:10

피곤한 자에게는
능력을 주시며
무능한 자에게는
힘을 더하시네
이사야 40:29

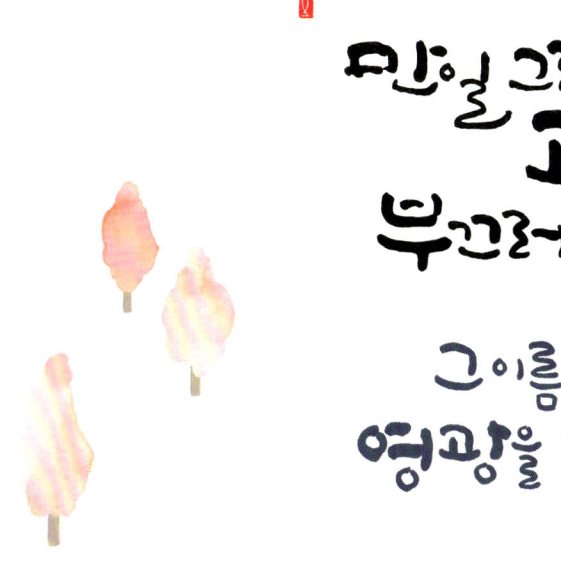
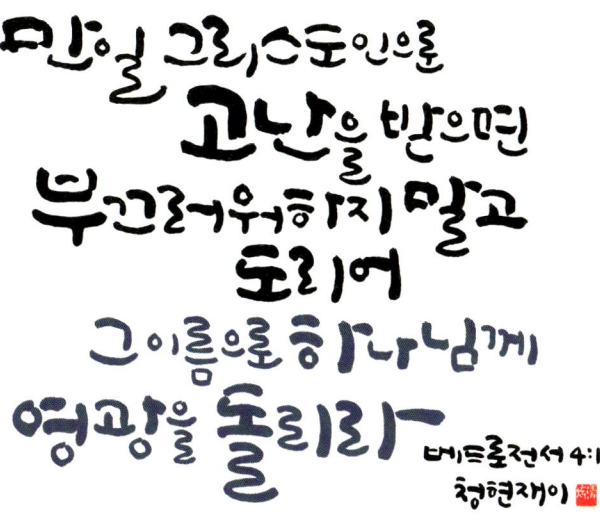

자기의 마음을
제어하지 아니하는 자는
성읍이 무너지고
성벽이 없는 것과
같으니라

잠언 25:28
청향권재이

너는 그리스도 예수의 좋은 병사로 나와 함께 고난을 받으라

디모데후서 2:3

내 영혼아
네가 어찌하여 낙심하며 어찌하여
내 속에서 불안해 하는가

너는 하나님께 소망을 두라

나는 그가 나타나
도우심으로 말미암아
내 하나님을 여전히
찬송하리로다

시편 42:11
청현재이

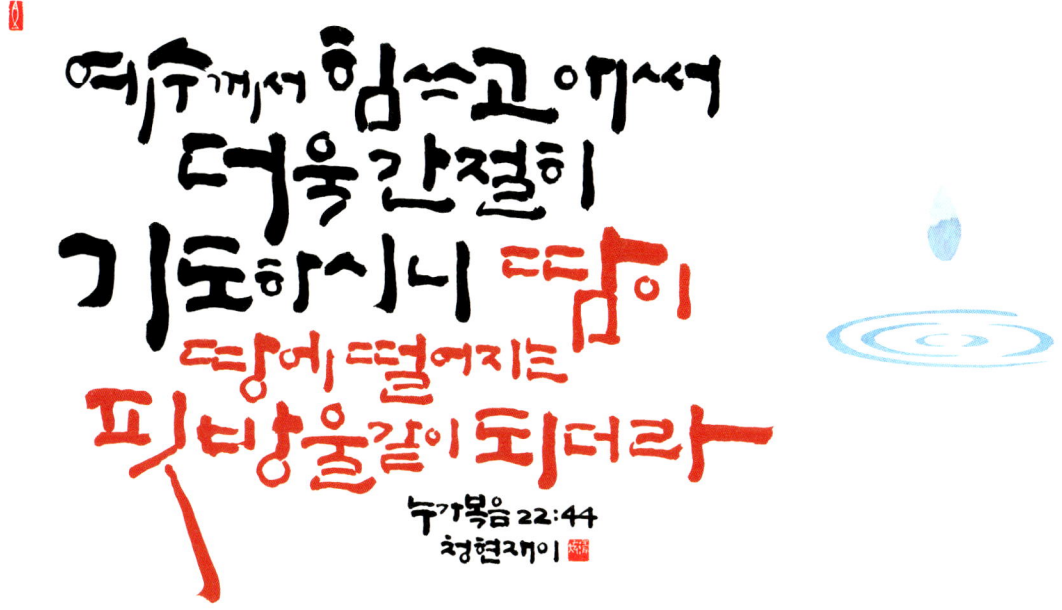

고난

이것을 너희에게 이르는 것은
너희로 내 안에서
평안을 누리게 하려 함이라
세상에서는 너희가 환난을 당하나
담대하라
내가 세상을 이기었노라

요한복음 16:33
청현재이

자기의 죄를 숨기는 자는 형통하지 못하나
죄를 자복하고 버리는 자는 불쌍히 여김을 받으리라

잠언 28:13

우리가 사랑함은
그가 먼저
우리를 사랑하셨음이라

요한1서 4:19

예수께서 이르시되,
나는 부활이요 생명이니
나를 믿는 자는 죽어도 살겠고
무릇 살아서 나를 믿는 자는
영원히 죽지 아니하리니
이것을 네가 믿느냐

요한복음 11:25-26
청현재이

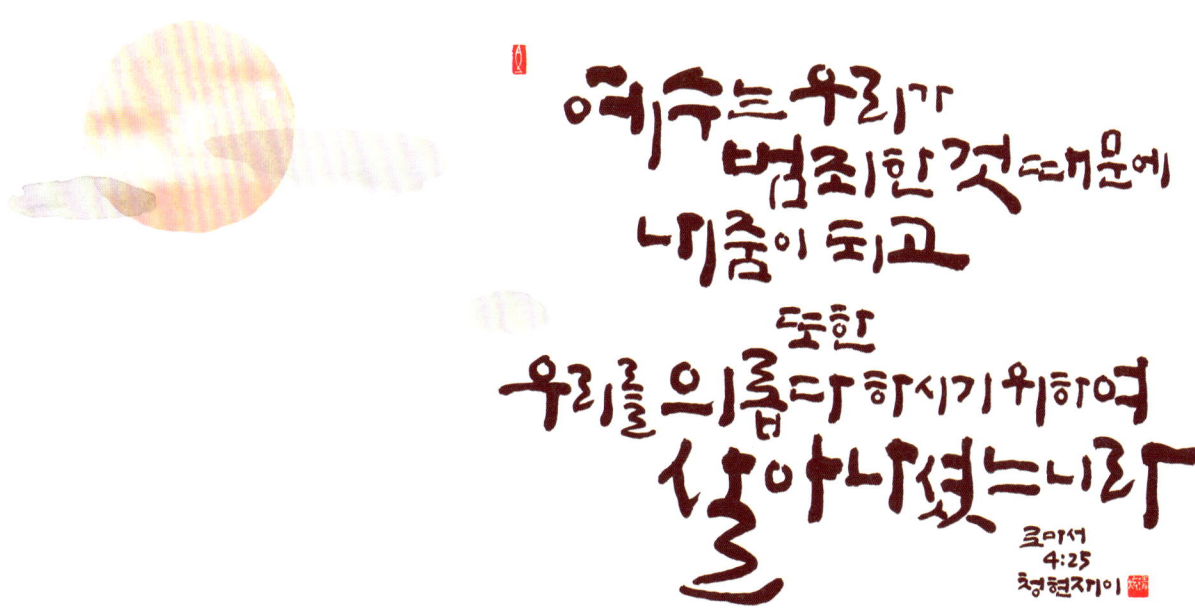

너희 안에서
착한 일을 시작하신 이가
그리스도 예수의 날까지
이루실 줄을
우리는 확신하노라

빌립보서 1:6

나는 하늘에서 내려온
살아있는 떡이니

사람이 이 떡을 먹으면
영생하리라

내가 줄 떡은 곧 세상의
생명을 위한 내 살이니라

요한복음 6:51
청헌재이

우리가 시작할 때에 확신한 것을 끝까지 견고히 잡고 있으면 그리스도와 함께 참여한 자가 되리라 히브리서 3:14

이 말씀을 하시고
그들을 향하사
숨을 내쉬며 이르시되

성령을 받으라

요한복음 20:22

銀에서 찌꺼기를 제하라
그리하면 장색의 쓸만한 그릇이 나올 것이요

잠언 25:4
청현재이

성결의 영으로는 죽은 자들 가운데서 부활하사 능력으로 하나님의 아들로 선포되셨으니 곧 우리 주 예수 그리스도시니라

로마서 1:4 청호근자이

예수께서 이르시되
내 말이 네가 믿으면
하나님의 영광을 보리라
하지 아니하였느냐 하시니
요한복음 11:40

그는 시냇가에 심은 나무가
철을 따라 열매를 맺으며

그 잎사귀가 마르지 아니함 같으니
그가 하는 모든 일이
다 형통하리로다

시편 1:3 청현재이

어느 때나 하나님을
본 사람이 없으되
만일 우리가 서로 사랑하면
하나님이 우리 안에 거하시고
그의 사랑이 우리 안에
온전히 이루어지느니라

요한서 4:12

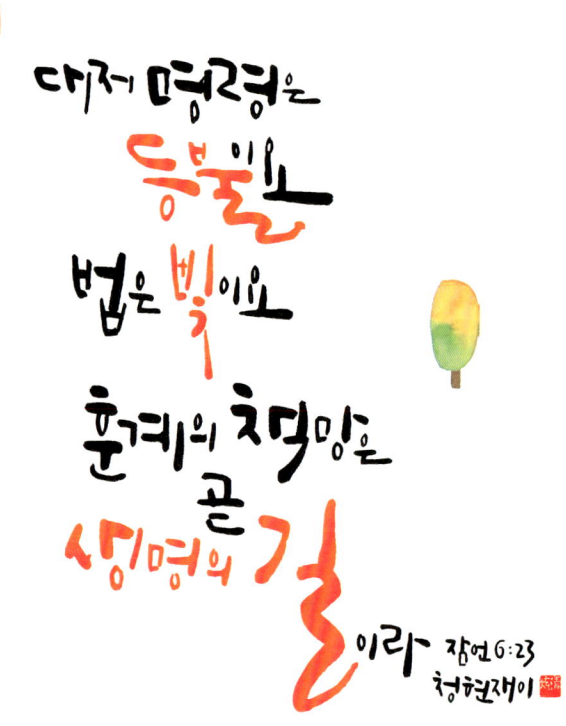

항상 기뻐하라
쉬지 말고 기도하라
범사에 감사하라
이것이 그리스도 예수 안에서
너희를 향하신 하나님의 뜻이니라

데살로니가전서 5:16-18

내 아들아
너는 듣고
지혜를 얻어
네 마음을
바른 길로
인도할지니라

잠언 23:19

갓난 아기들 같이
순전하고 신령한 젖을 사모하라

이는 그로 말미암아
너희로 구원에 이르도록
자라나게 하려 함이라

베드로전서 2:2

너희가 세례로 그리스도와 함께 장사되고 또 죽은 자들 가운데서 그를 일으키신 하나님의 역사를 믿음으로 말미암아 그 안에서 함께 일으키심을 받았느니라

골로새서 2:12
청청글쟁이

우리는 기회 있는 대로 모든 이에게 착한 일을 하되 더욱 믿음의 가정들에게 할지니라―

갈라디아서 6:10
청현재이

여호와여
우리에게 은혜를
베푸소서
우리가 주를 앙망하오니
주는 아침마다
우리의 팔이 되시며
환난 때에
우리의 구원이 되소서 이사야 33:2
청현글짜이

오직 내 말을 듣는 자는
평안히 살며
재앙의 두려움이 없이
안전하리라
잠언 1:33

하나님이 말씀하시기를
말세에 내가 내 영을
모든 육체에 부어 주리니
너희의 자녀들은 예언할 것이요
너희의 젊은이들은 환상을 보고
너희의 늙은이들은 꿈을 꾸리라

사도행전 2:17
청현재이

사람을 얻느니라
지혜로운 자는 생명나무라
의인의 열매는
잠언 11:30

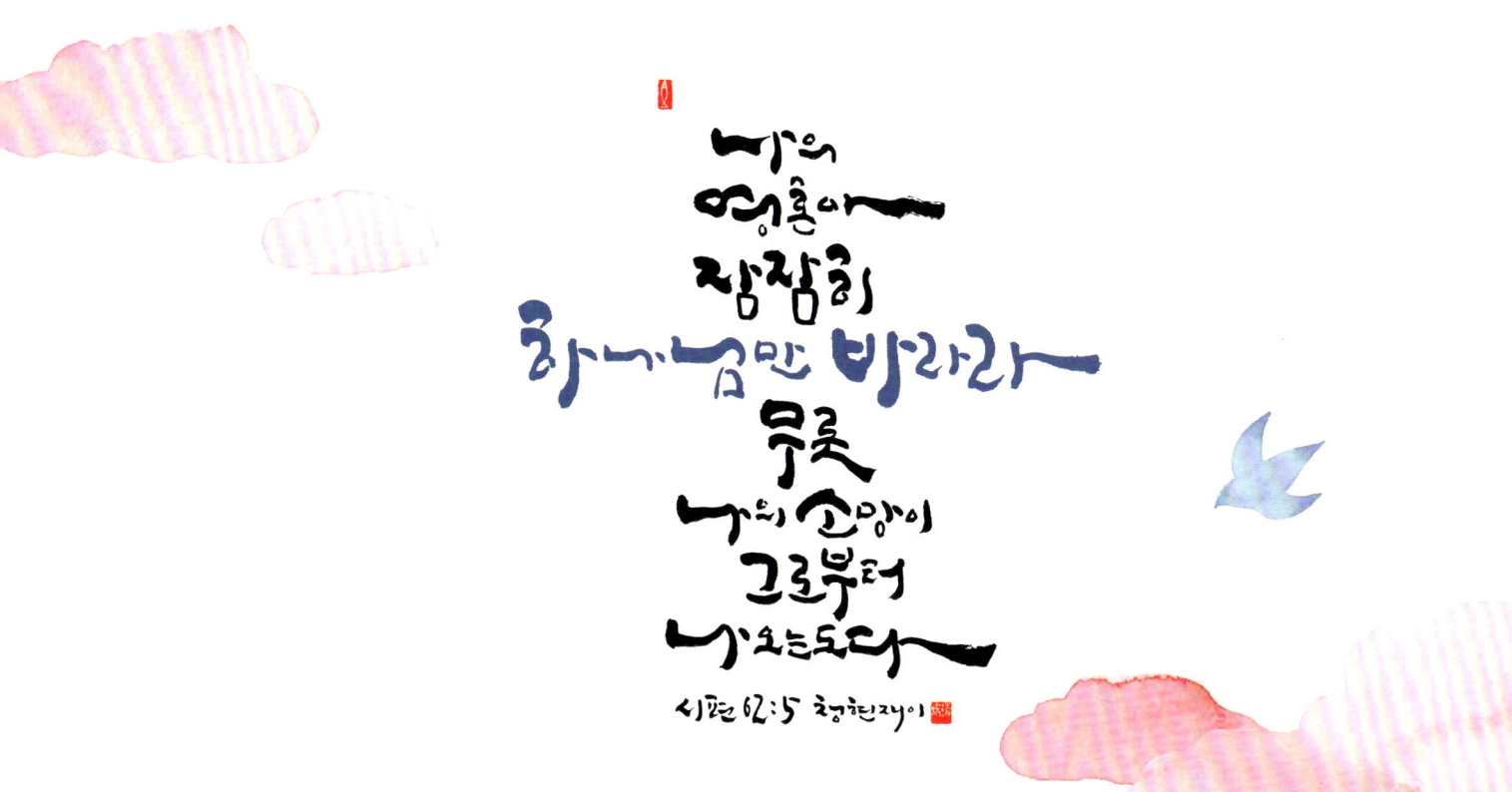

일어나라
빛을 발하라

이는 네 빛이 이르렀고
여호와의 영광이
네 위에 임하였음이니라

이사야 60:1

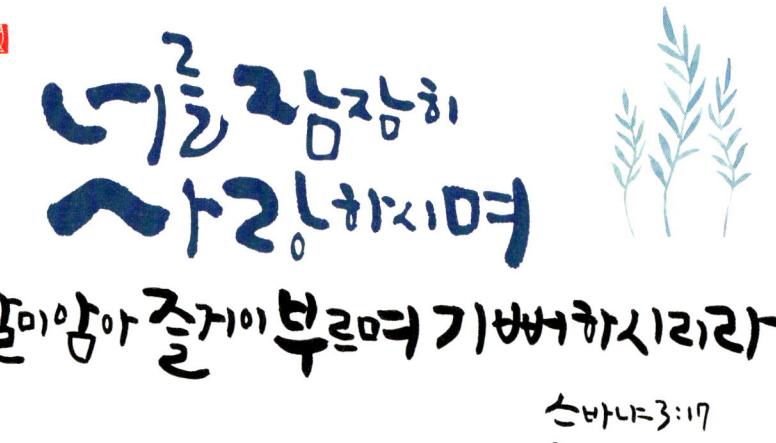

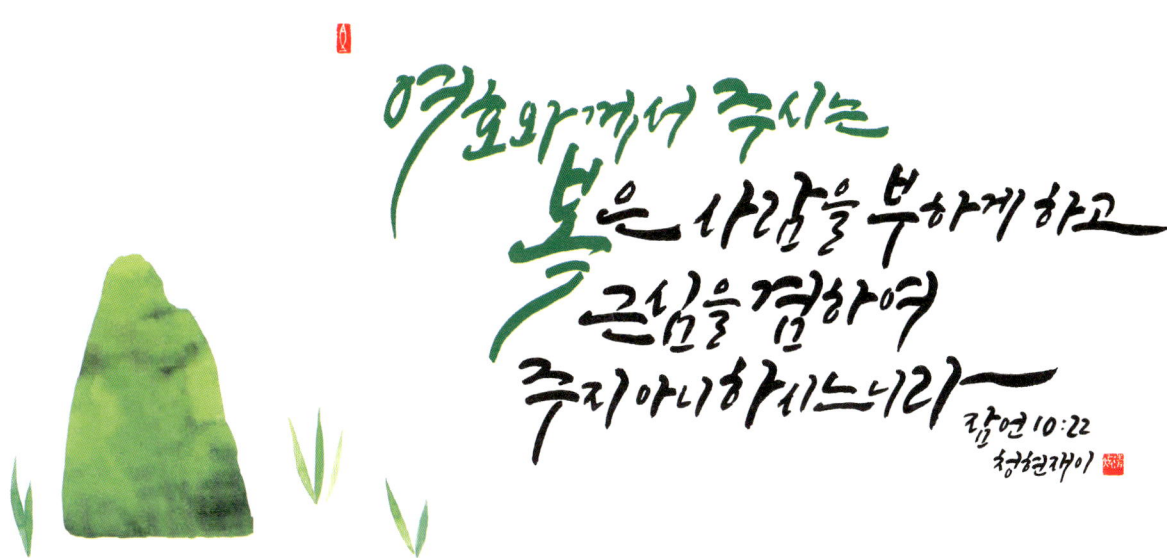

물이 바다를 덮음 같이
여호와의 영광을
인정하는 것이
세상에 가득함이니라 하박국 2:14
청천재이

그들의 땅을 고쳐지라
그들의 죄를 사하고
하늘에서 듣고

찾으면 내가
기도하여 내 얼굴을
스스로 낮추고
악한 길에서 떠나
내 백성이 그들의
내 이름으로 일컫는

첫편지이
역대하 7:14

주께서 내가 앉고 일어섬을 아시고
멀리서도 나의 생각을 밝히 아시오며
나의 모든 길과 내가 눕는 것을 살펴 보셨으므로
나의 모든 행위를 익히 아시오니
여호와여 내 혀의 말을 알지 못하시는 것이
하나도 없으시니이다 시편 139:2-4

내가 주는 물을 마시는 자는
영원히 목마르지 아니하리니
내가 주는 물은
그 속에서 영생하도록
솟아나는 샘물이 되리라

요한복음 4:14
청현재이

도가니로 은을,
풀무로 금을,
칭찬으로 사람을
단련하느니라

잠언 27:21

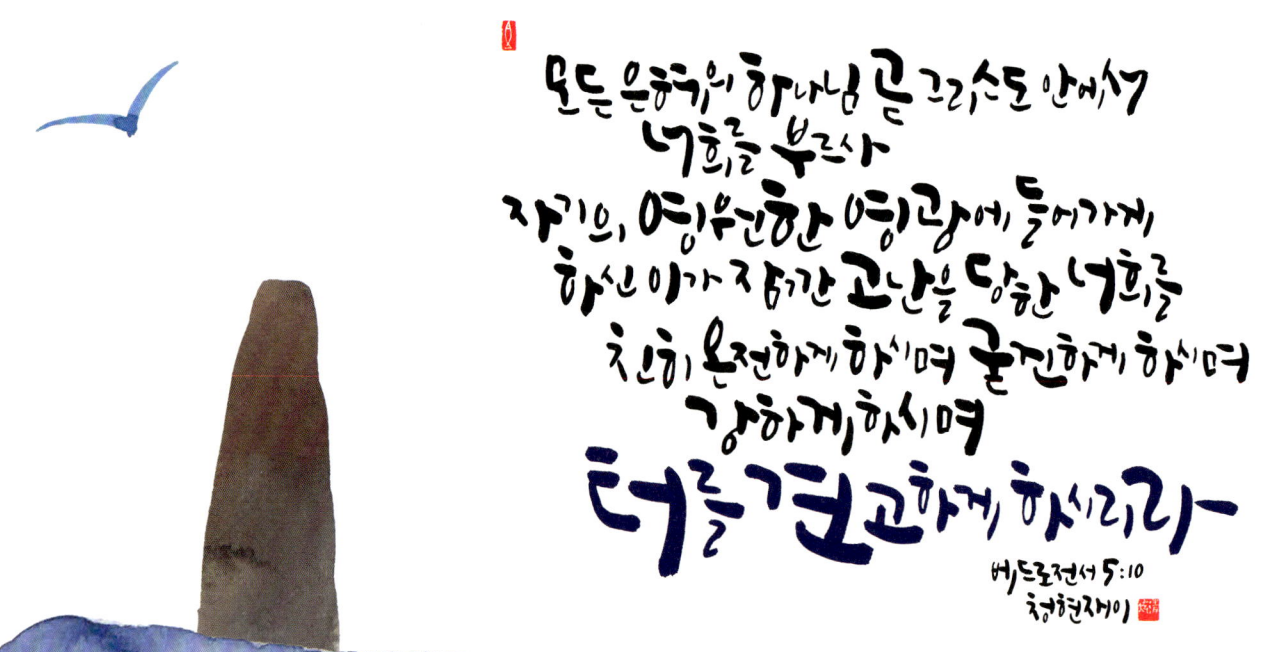

지혜를
버리지 말라
그가 너를
보호하리라
그를 사랑하라
그가 너를
지키리라
잠언 4:6
청현재이

땅을 돌보사 물을 대어
심히
윤택하게 하시며

하나님의 江에
물이 가득하게 하시고
이같이 땅을 예비하신 후에
그들에게 곡식을 주시나이다

시편 65:9
청천재이

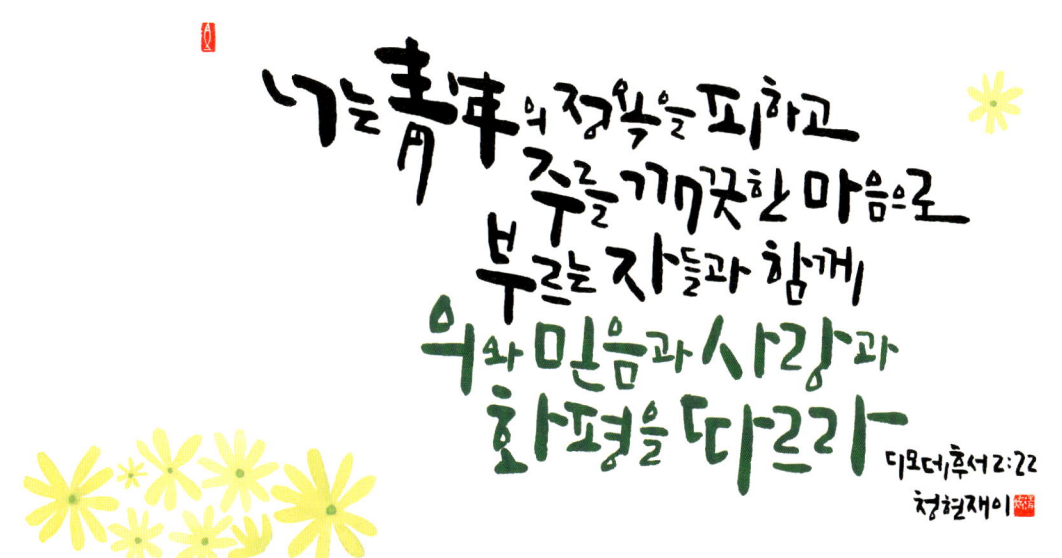

성령이
친히 우리의 영과
더불어
우리가
하나님의
자녀인 것을
증언하시나니

로마서 8:16
청현재이

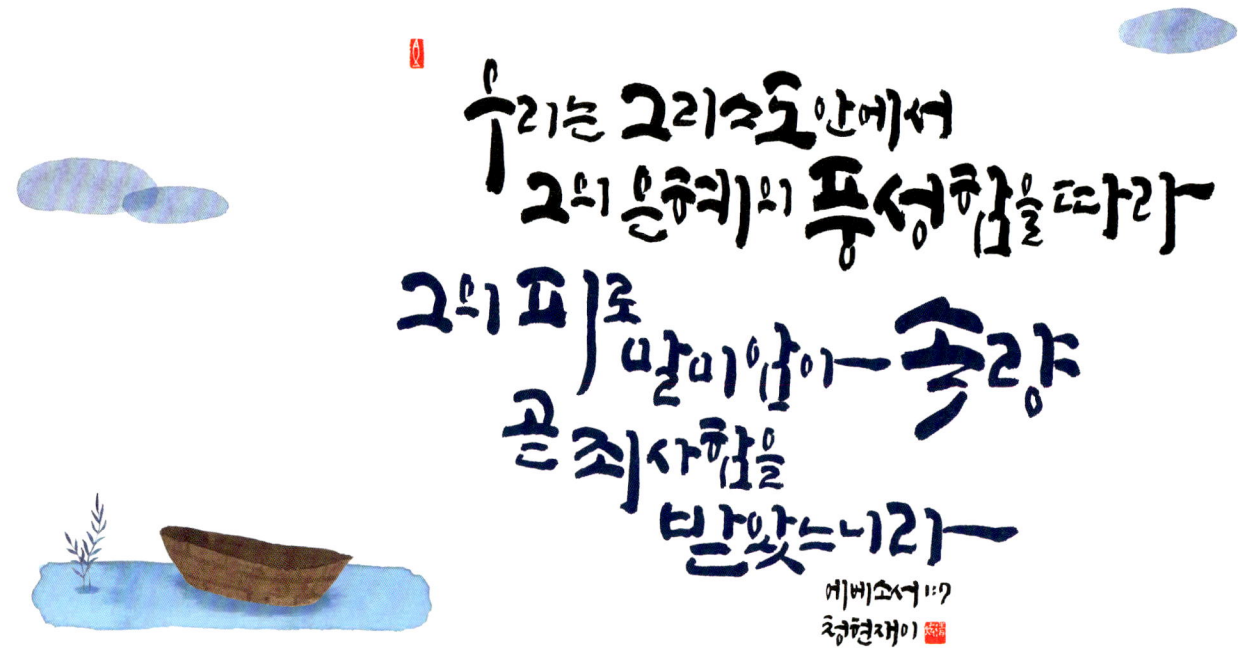

입과 혀를
지키는 자는
자기의 영혼을
환난에서
보전
하느니라

잠언 21:23

말이 많으면
허물을 면하기
어려우나

그 입술을 제어하는 자는
지혜가 있느니라

잠언 10:19

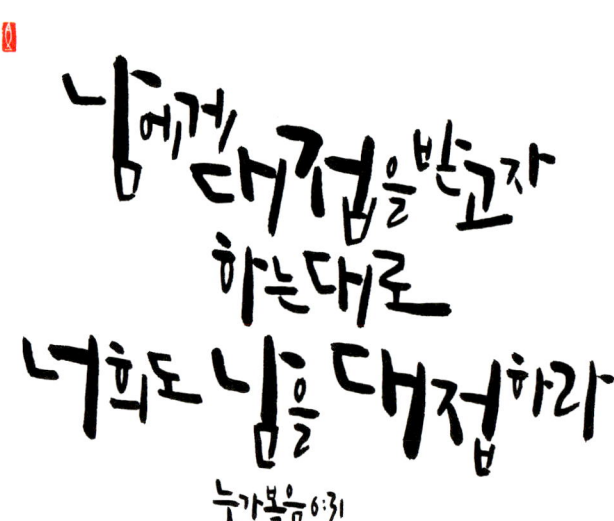

여호와께서 자기 백성의
상처를 싸매시며
그들의 맞은 자리를 고치시는 날에는
달빛은 햇빛 같겠고
햇빛은 일곱 배가 되어 일곱 날의
빛과 같으리라 이사야 30:26
청현재이

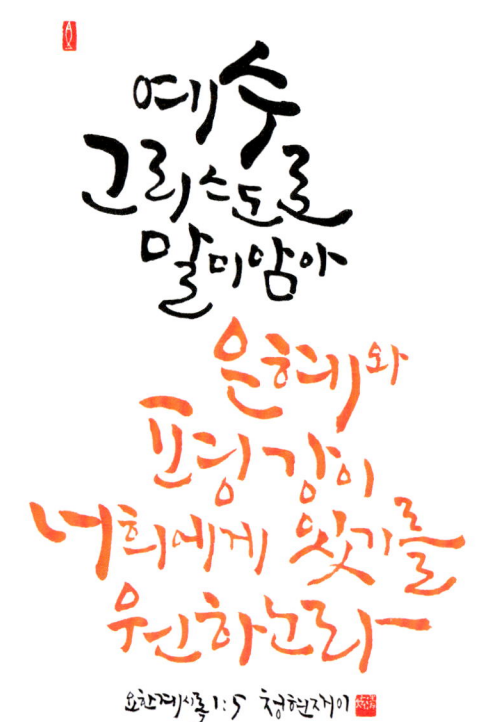

나는 하나님의 집에 있는
푸른 감람나무 같음이여
하나님의 인자하심을
영원히 의지하리로다

시편 52:8
청혼전재이

너희는 여호와를
찾으라
그리하면
살리라

아모스 5:6
청현재이

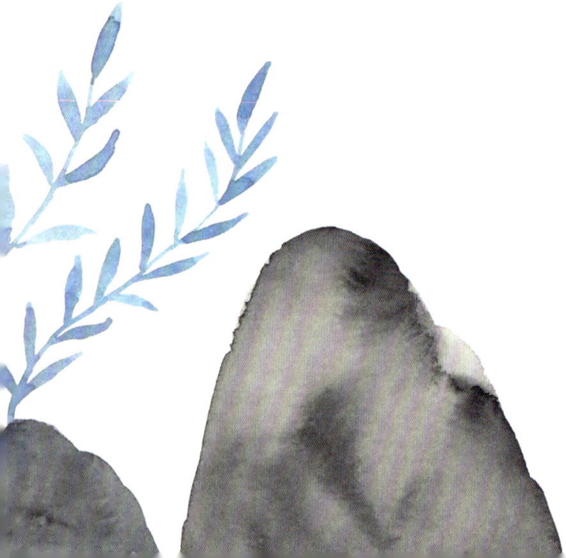

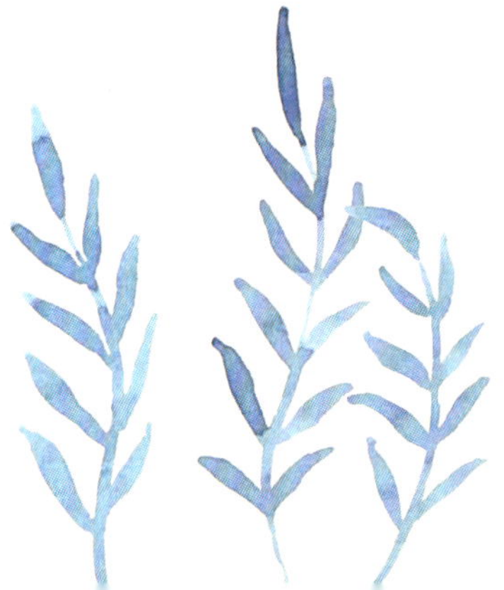

여호와를
경외하는 것이
지식의
근본이거늘
미련한
자는
지혜와 훈계를
멸시하느니라

잠언 1:7
청현재이

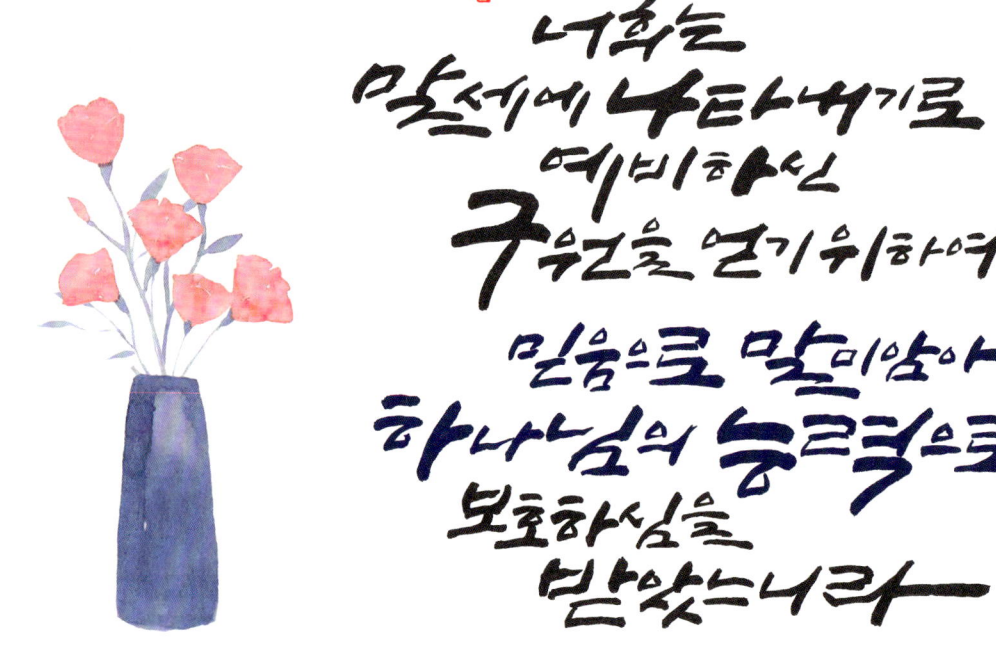

내 평생에 선하심과
인자하심이 반드시 나를
따르리니
내가 여호와의 집에
영원히 살리로다

시편 23:6

자기의 육체를 위하여 심는 자는
육체로부터 썩어질 것을 거두고
성령을 위하여
심는 자는 성령으로부터
영생을 거두리라 갈라디아서 6:8
청현재이

그러므로 어리석은 자가 되지 말고
오직 주의 뜻이 무엇인가 이해하라
에베소서 5:17
청현재이

사람의 행위가
자기 보기에는
모두 깨끗하여도
여호와는
심령을 감찰
하시느니라 잠언16:2

주와 같은 신이
어디 있으리이까

주께서는 죄악과
그 기업에 남은 자의
허물을 사유하시며

인애를 기뻐하시므로
진노를 오래 품지
아니하시나이다 미가 7:18
청현재이

수고하고 무거운 짐 진 자들아 다 내게로 오라
내가 너희를 쉬게 하리라

나는 마음이 온유하고 겸손하니
나의 멍에를 메고 내게 배우라
그리하면 너희 마음이 쉼을
얻으리니 이는 내 멍에는 쉽고
내 짐은 가벼움이라

마태복음 11:28-30   청현재이

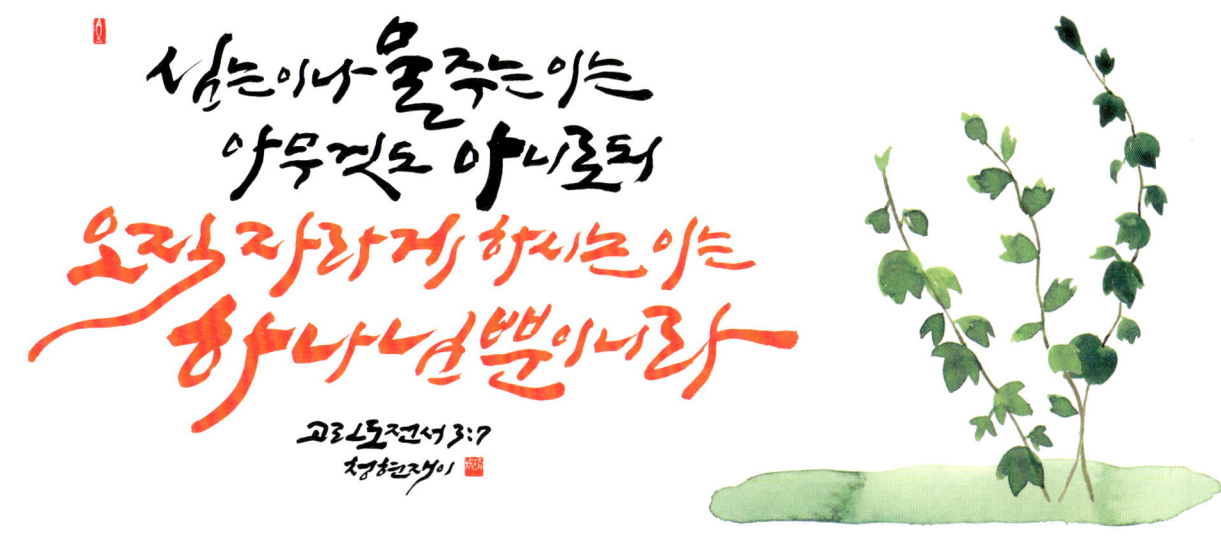

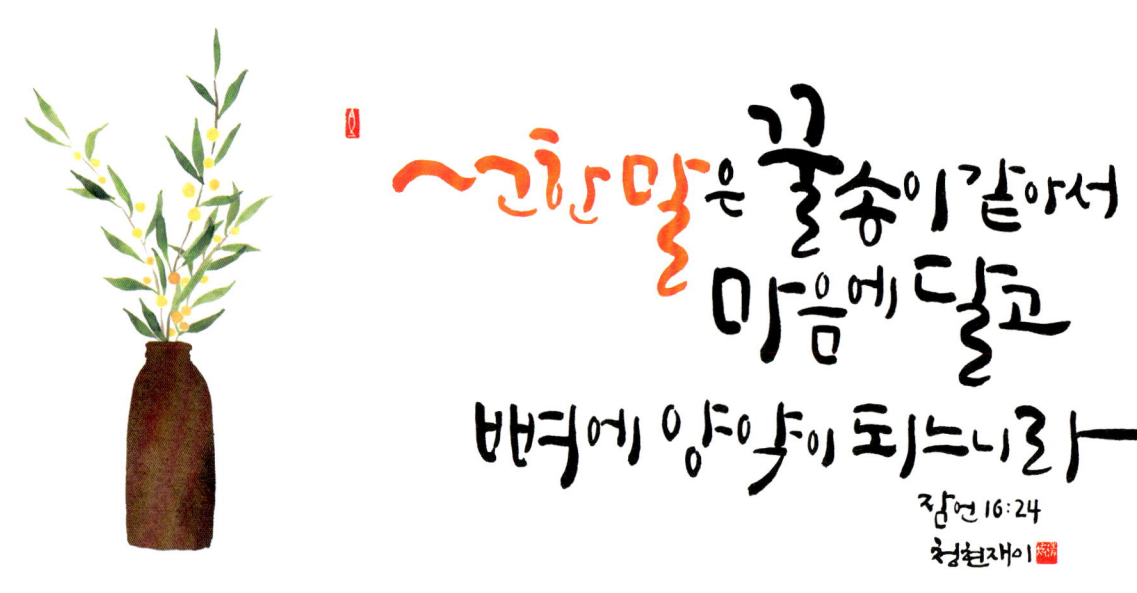

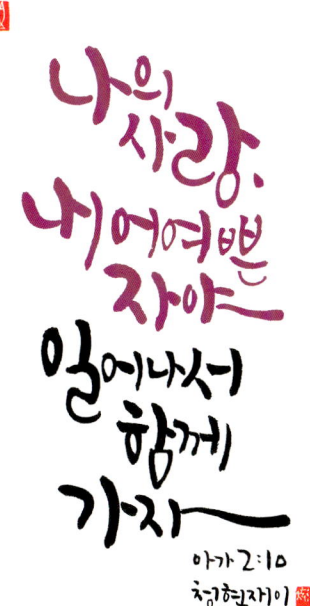

너희가 기도할 때에 무엇이든지 믿고 구하는 것은 다 받으리라

마태복음 21:22

우리가 선을 행하되
낙심하지 말지니
포기하지 아니하면
때가 이르매
거두리라

갈라디아서 6:9 청현권재이

속임으로 그 미움을
감출지라도

그의 악이 회중 앞에
드러나리라~

잠언 26:26

주 여호와께서
이 뼈들에게 이같이 말씀하시기를
내가 생기를
너희에게 들어가게 하리니
너희가 살아나리라

에스겔 37:5
청현쟁이

그의 거룩한 이름을 자랑하라
여호와를 구하는 자들은 마음이 즐거울지로다

시편 105:3

궁핍한 자는 그의 고통으로부터 건져주시고
그의 가족을 양떼같이 지켜주시나니

시편 107:41

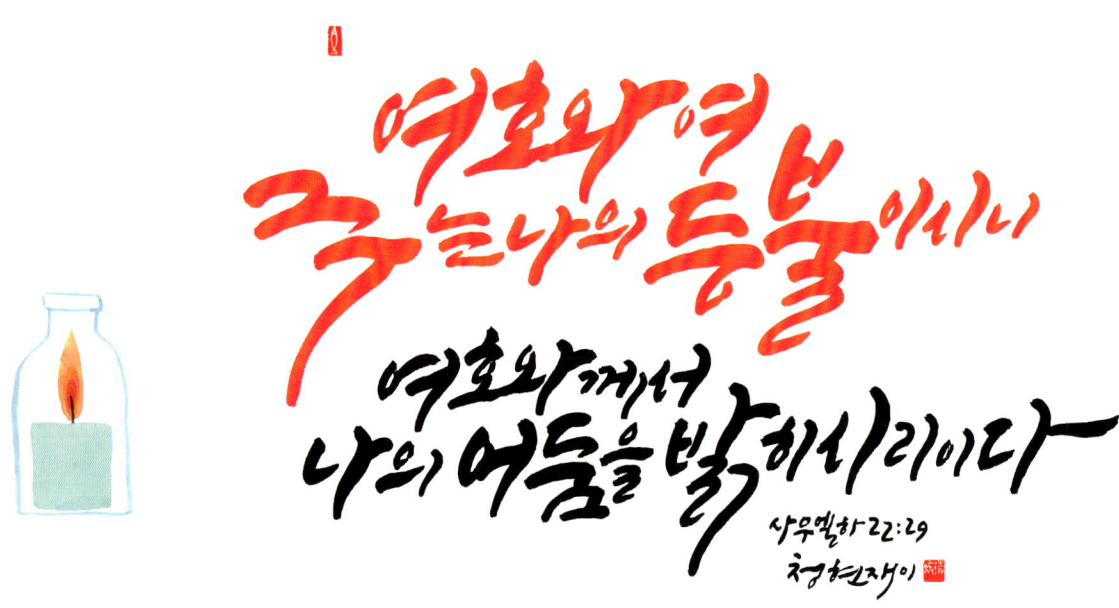

이는 각 사람이
무슨 선을 행하든지
종이나 자유인이나
주께로부터 그대로
받을 줄을 앎이라

에베소서 6:8
청현재이

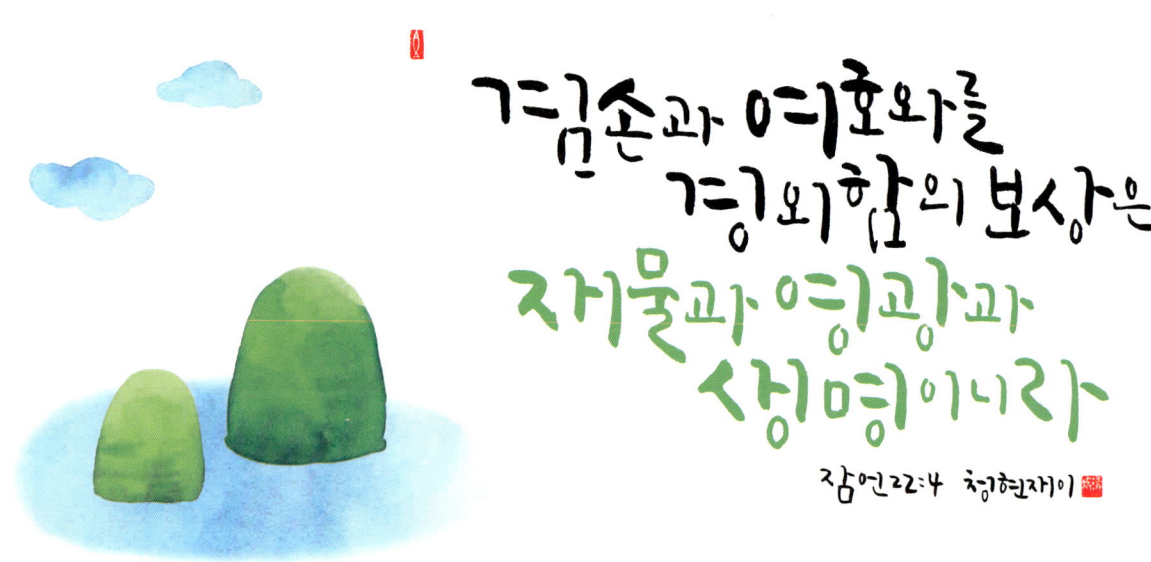

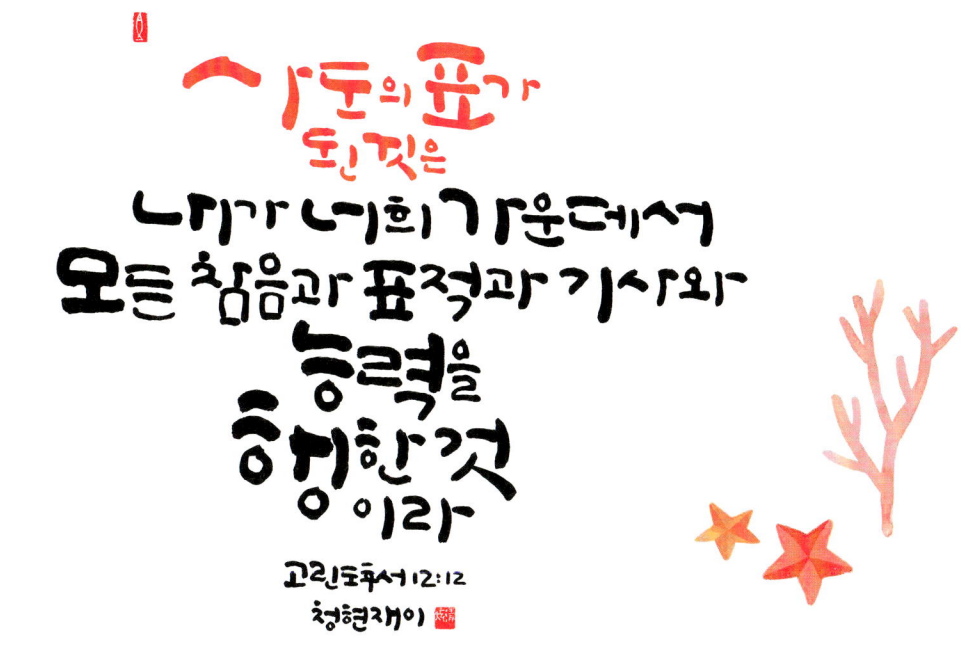

그는 몸인 교회의 머리시라
그가 근본이시요
죽은 자들 가운데서
먼저 나신 이시니
이는 친히 만물의 으뜸이
되려 하심이요 골로새서 1:18

나의 책망을 듣고 돌이키라
보라 내가 나의 영을
너희에게 부어 주며 내 말을
너희에게 보이리라
잠언 1:23

또 새 영을 너희 속에 두고
새 마음을 너희에게 주되
너희 육신에서 굳은 마음을 제거하고
부드러운 마음을 줄 것이며

에스겔 36:26

일의 끝이 시작보다 낫고
참는 마음이 교만한 마음보다 나으니
급한 마음으로 노를 발하지 말라
노는 우매한 자들의
품에 머무름이니라

전도서 7:8-9
청현재이

우리가 알거니와
하나님을 사랑하는 자
곧
그의 뜻대로 부르심을
입은 자들에게는
모든 것이 합력하여
선을 이루느니라 로마서 8:28

악인은 쫓아오는 자가 없어도 도망하나 의인은 사자같이 담대하니라

잠언 28:1 청현재이

여호와는
네게 복을 주시고
너를
지키시기를
원하며

민수기 6:24

마침내 위에서부터
영을 우리에게 부어주시리니
광야가 아름다운
　　　밭이 되며
아름다운 밭을
　숲으로 여기게 되리라

이사야 32:15
청결쟁이

그가 위에서 손을 내미사
나를 붙드심이여
많은 물에서 나를
건져내셨도다
사무엘하 22:17
청현재이

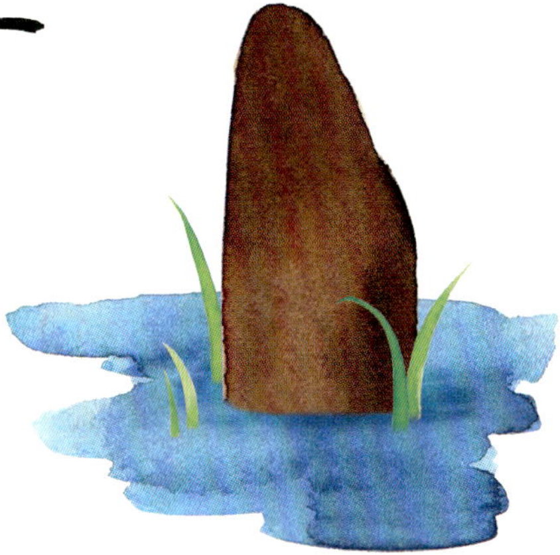

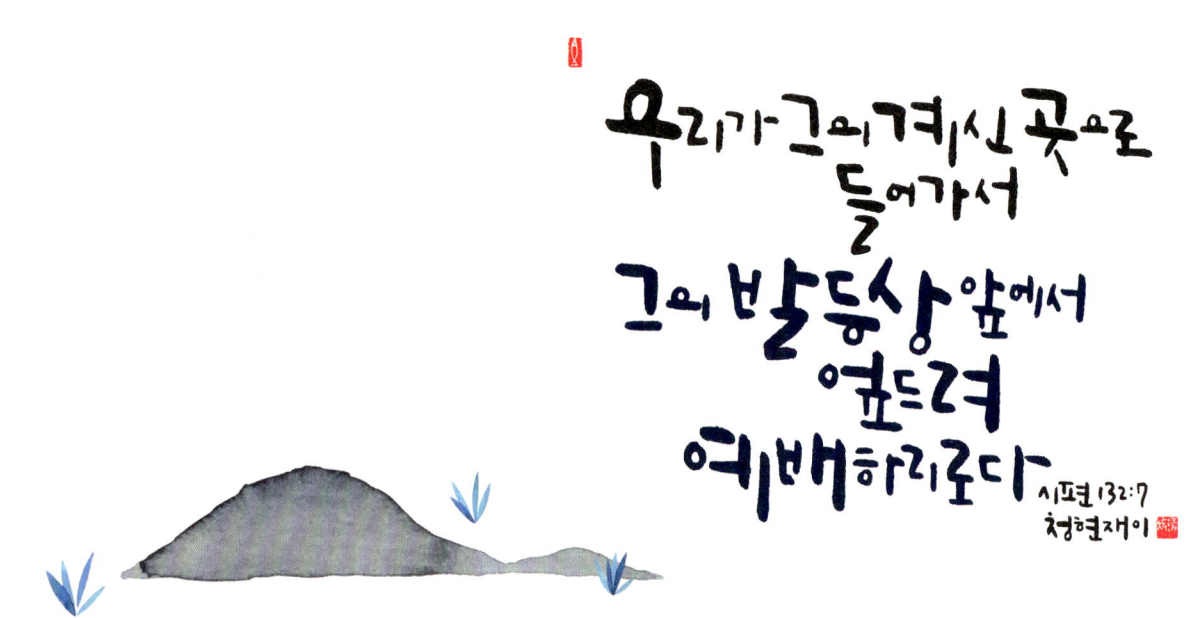

이 백성은 내가 나를 위하여
지었나니
나를 찬송하게
하려 함이니라

이사야 43:21
청현재이

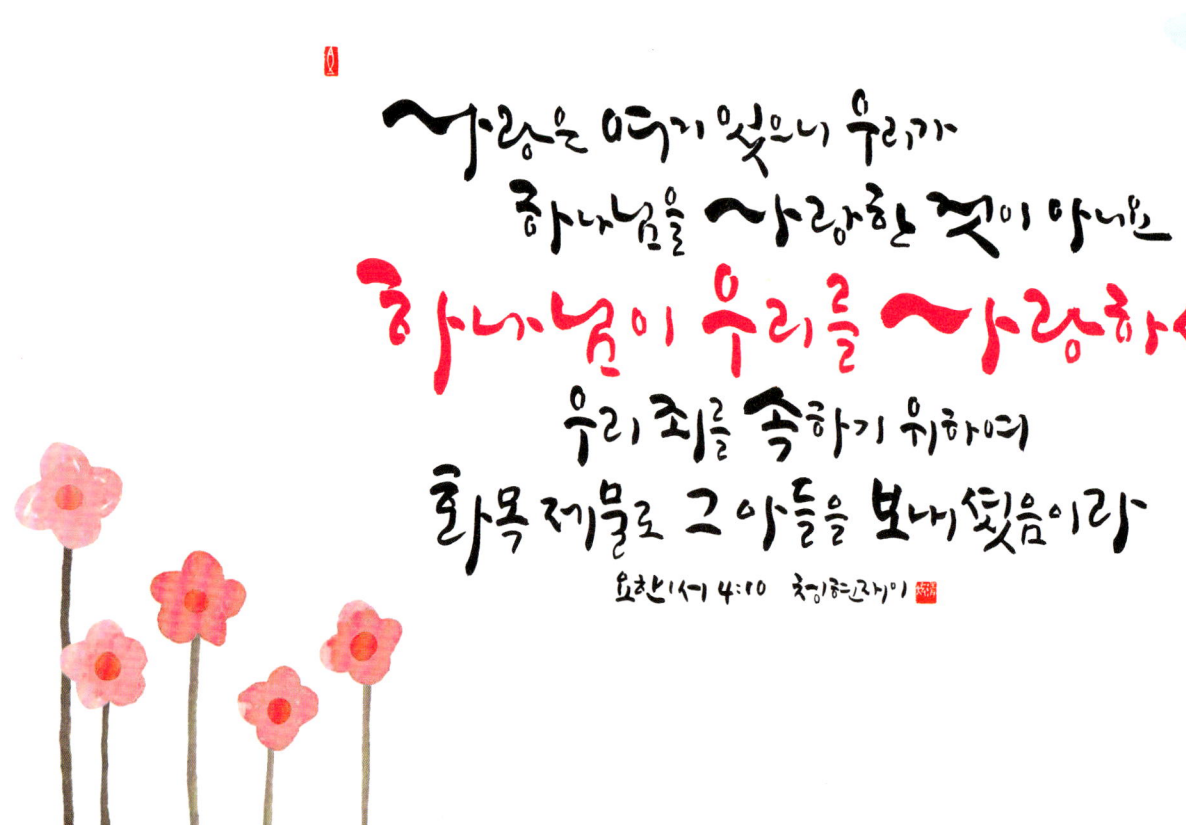

너희 염려를 다 주께 맡기라
이는 그가 너희를 돌보심이라

베드로전서 5:7

망하게 하느니라
자기를 패역을 사악한 자의
자기를 인도하거니와
성실은
정직한 자의

잠언 11:3

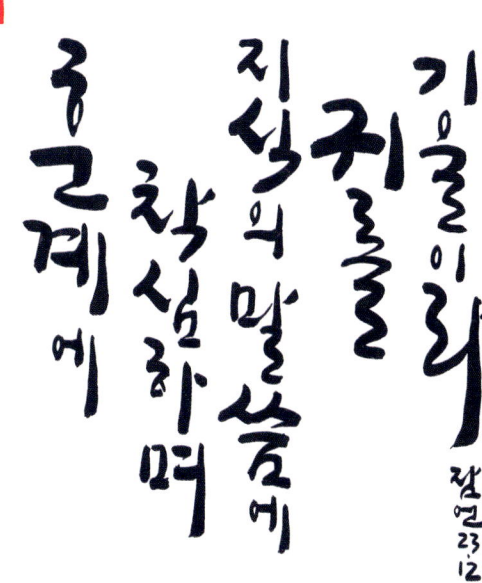

나를 능하게 하신 그리스도 예수 우리 주께 내가 감사함은 나를 충성되이 여겨 내게 직분을 맡기심이니 우리 주의 은혜가 그리스도 예수 안에 있는 믿음과 사랑과 함께 넘치도록 풍성하였도다

디모데전서 1:12,14

존귀한 자는 존귀한 일을
계획하나니
그는 항상
존귀한 일에 서리라

이사야 32:8
청헌진재이

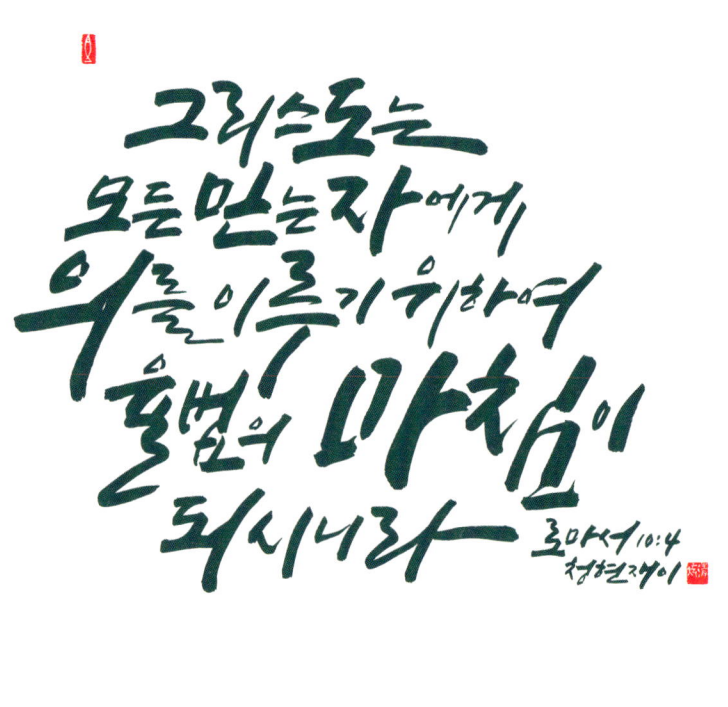

여호와의 말씀이니라
너희를 향한
나의 생각을 내가 아나니
평안이요
재앙이 아니니라
너희에게 미래와
희망을 주는 것이니라

예레미야 29:11
청현재이

여호와는 노하기를
더디하시며
권능이 크시며
벌 받을 자를
결코 내버려두지
아니하시느니라

나훔1:3 첨현재이

근신하라
깨어라
너희 대적
마귀가 우는 사자같이
두루 다니며
삼킬 자를 찾나니

베드로전서 5:8
청회쟁이

네 씨로 말미암아
천하 만민이 복을 받으리니
이는 네가
나의 말을 준행하였음이니라

창세기 22:18
청현재이

주의
인자하심이
생명보다
나으므로
내 입술이
주를 찬양할 것이라

시편 63:3
청현재이

자유롭게 하리라
진리가 너희를
진리를 알지니
참으로 내 제자가 되고
너희가 내 말에 거하면

천현쟁이
8:31-32
요한복음

그러므로 너희도 영적인 것을 사모하는 자인즉 교회의 덕을 세우기 위하여 그것이 풍성하기를 구하라

고린도전서 14:12

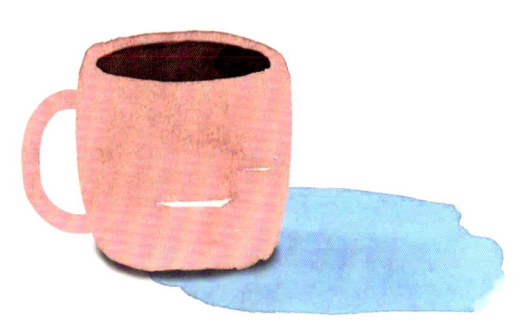
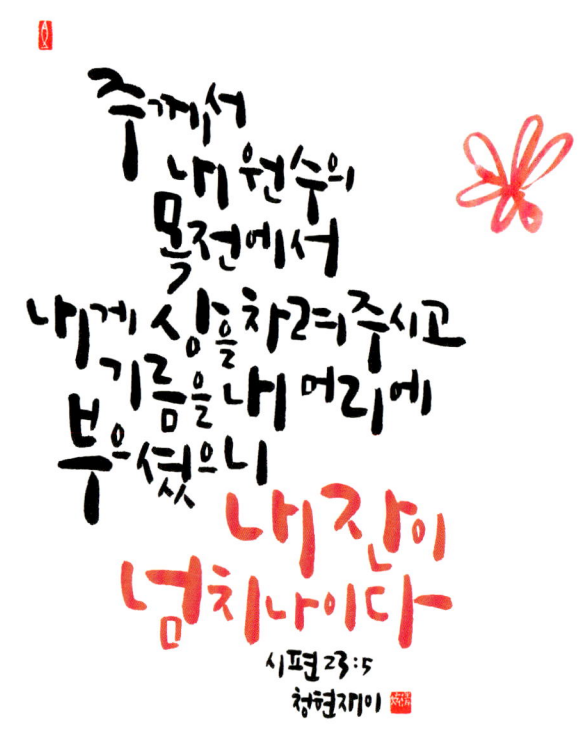

자녀들아 우리가 말과 혀로만 사랑하지 말고 행함과 진실함으로 하자

요한1서 3:18

평강 주시기를 원하노라 네게로 향하여 드사 여호와는 그 얼굴을

청헌쟁이
민수기 6:26

여호와여
은총을 베푸사
나를 구원하소서
여호와여
속히 나를
도우소서 시편 40:13

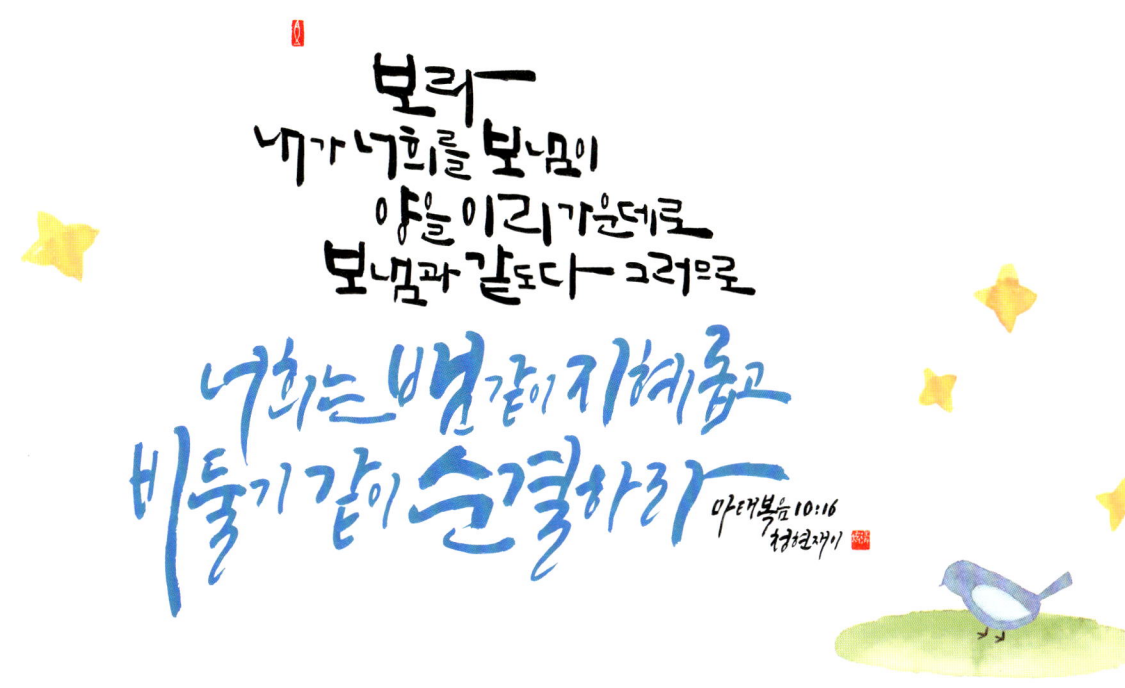

주께서 택하시고 가까이 오게하사
주의 뜰에 살게하신 사람은
복이 있나이다

우리가 주의 집 곧 주의 성전의
아름다움으로
만족하리이다 ㅡ 시편 65:4
청년재이

내가 무지개를
구름 속에 두었나니
이것이
나와 세상 사이의
언약의 증거니라

창세기 9:13

우리를 구원하시되
우리가 행한 바 의로운 행위로
말미암지 아니하고
오직 그의 긍휼하심을 따라
중생의 씻음과
성령의 새롭게 하심으로 하셨나니

디도서 3:5 청원재이

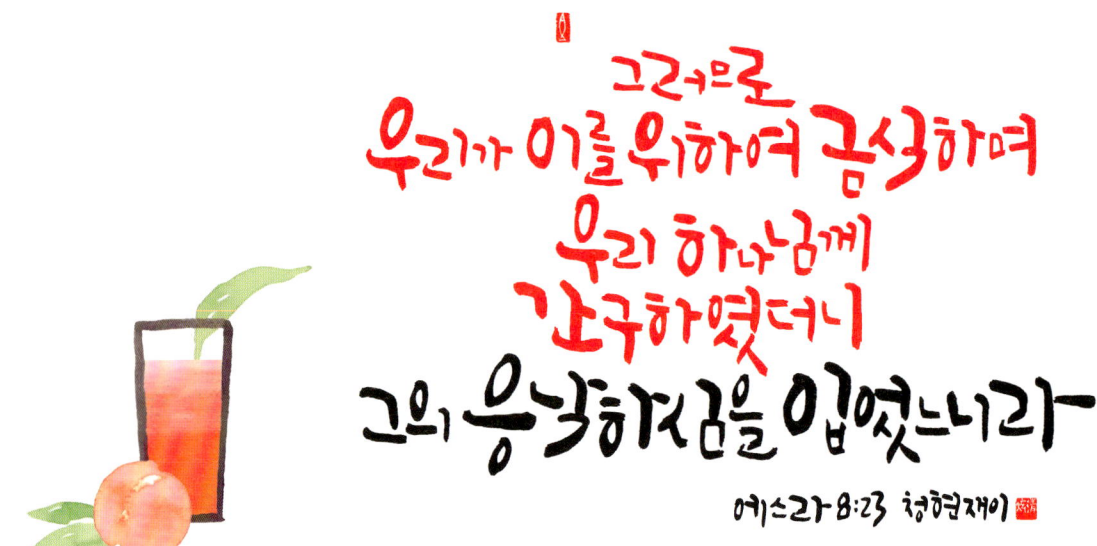

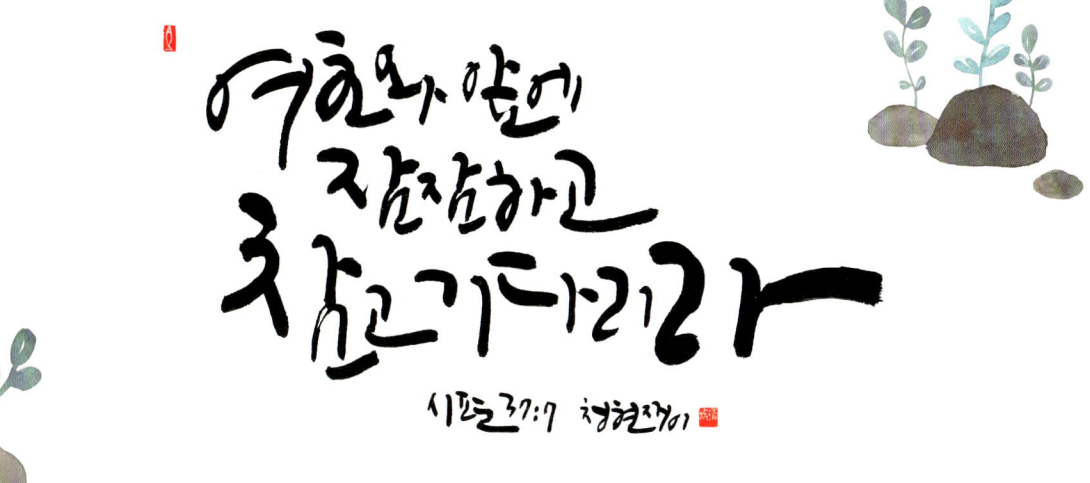

그리스도는 하나님의 집을
맡은 아들로서 그와 같이 하셨으니
우리가 소망의 확신과 자랑을
끝까지 굳게 잡고 있으면
우리는 그의 집이라

히브리서 3:6
청걸재이

믿음의 기도는
병든 자를 구원하리니
주께서 그를
일으키시리라
혹시
죄를 범하였을지라도
사하심을 받으리라
야고보서 5:15

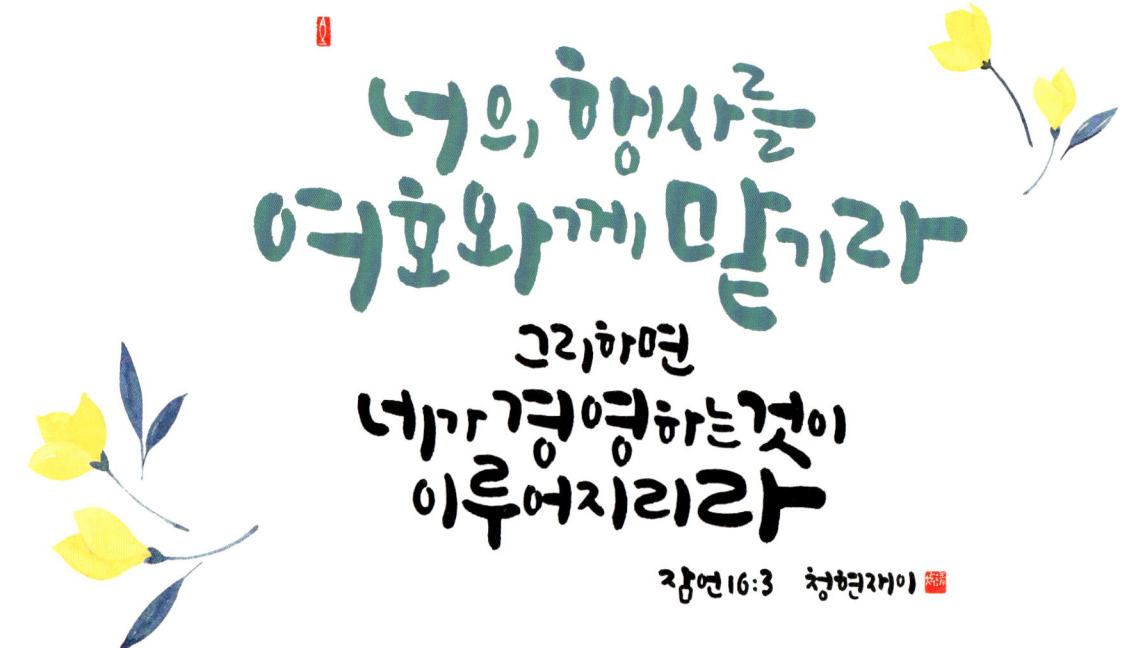

사람이 마음으로
자기의 길을 계획할지라도

그의 걸음을
인도하시는 이는
여호와시니라

잠언 16:9

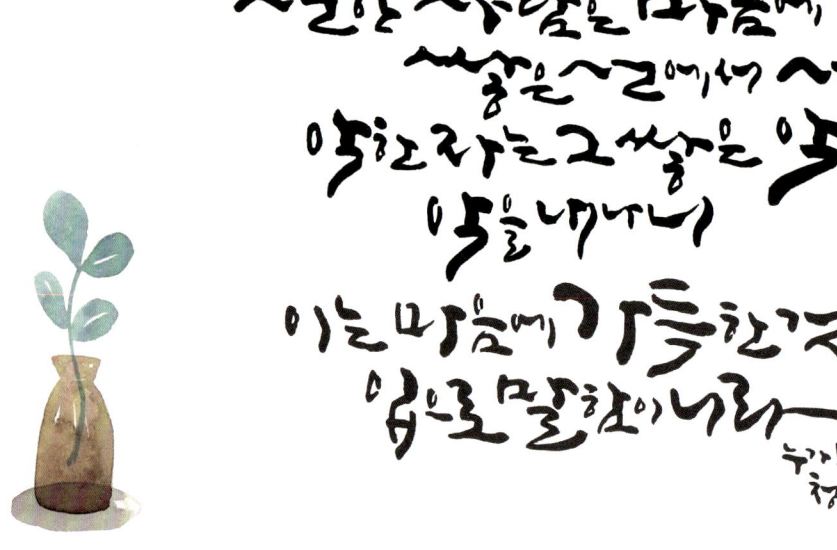

선한 사람은 마음에
쌓은 선에서 선을 내고
악한 자는 그 쌓은 악에서
악을 내나니

이는 마음에 가득한 것을
입으로 말함이니라

누가복음 6:45

淸炫才怡(청현재이) 임동규

하나님께서 주신 달란트인 캘리그라피를 통해 세상을
살아있는 하나님의 말씀으로 점점 아름답게 물들여가는 캘리그라피스트

· 홍익대학교 대학원 석사
· 사단법인 한국캘리그라피디자인협회 이사
· 청현재이 캘리그라피 문화선교회 회장

초판 펴낸 날   2018년 4월 9일

펴 낸 이   임동규   펴 낸 곳   도서출판 섬김과나눔
등록번호   제25100-2012-000089호   팩   스   02-6280-6199
전   화   070-7118-6167   홈페이지   www.cjart.co.kr
이 메 일   help@sgnn.co.kr   주   소   서울시 구로구 디지털로33길 27, 307호(구로동, 삼성IT밸리 307호)

「이 도서의 국립중앙도서관 출판예정도서목록(CIP)은 서지정보유통지원시스템 홈페이지(http://seoji.nl.go.kr)와
국가자료공동목록시스템(http://www.nl.go.kr/kolisnet)에서 이용하실 수 있습니다.
(CIP제어번호: CIP2018009739)」

· 본 서에 사용한 성경전서 개역개정판의 저작권은 재단법인 대한성서공회 소유로 허락을 받고 사용하였습니다.
· 본 서에 실린 청현재이 작품 및 캘리그라피 서체의 무단전제와 무단복제 사용을 금합니다.
  불법도용 적발 시 책임을 물을 수 있음을 미리 알려드립니다.

Copyright ⓒ 청현재이 All rights reserved   `도서출판 섬김과나눔 www.cjart.co.kr   ISBN 978-89-98532-06-2